21 世纪全国高职高专通识课规划教材

实用社交口才

周璇璇　主编　张彦　姚俊　副主编

内 容 简 介

本书系统地介绍了社交口才的重要性和原则,着重对社交口才中体态语言、拜访接待、赞美、批评、说服、拒绝、问答、求职,以及演讲的原则、技巧和注意点进行了讲解,同时加大了对口才教学案例、演练题的分量,并对教学时间和教学法进行了预设以及介绍。本书是一本适合于高职高专学生社交口才实战演练,有利于学生课外自学、教师课堂引导、教学互动的理想教材。

图书在版编目(CIP)数据

实用社交口才/周璇璇主编. —北京:北京大学出版社,2008.2
(21世纪全国高职高专通识课规划教材)
ISBN 978-7-301-12994-4

Ⅰ. 实… Ⅱ. 周… Ⅲ. 人际交往-语言艺术—高等学校:技术学校-教材 Ⅳ. C912.1

中国版本图书馆CIP数据核字(2007)第192111号

书 名:	实用社交口才
著作责任者:	周璇璇 主编
责任编辑:	袁玉明 胡伟晔
标准书号:	ISBN 978-7-301-12994-4/G · 2230
出 版 者:	北京大学出版社
地 址:	北京市海淀区成府路205号 100871
电 话:	邮购部 62752015 发行部 62750672 编辑部 62765126 出版部 62754962
网 址:	http://www.pup.cn
电子信箱:	xxjs@pup.pku.edu.cn
印 刷 者:	三河市博文印刷有限公司
发 行 者:	北京大学出版社
经 销 者:	新华书店

787毫米×980毫米 16开本 9.25印张 185千字
2008年2月第1版 2015年5月第7次印刷

定 价:19.00元

未经许可,不得以任何方式复制或抄袭本书之部分或全部内容。
版权所有,侵权必究
举报电话:010-62752024;电子信箱:fd@pup.pku.edu.cn

前　言

在当今高速发展的信息时代，随着传播手段的日益现代化，社会竞争的日趋激烈，以及人与人之间关系和交往的密切，在社会生活的各个领域，社交口才越来越起着举足轻重的作用。

在生活中，我们靠社交口才维系亲情、建立友情、追求爱情，生活因此变得精彩，人生也由此而更加意味无穷；在事业上，我们用社交口才强化和维护各种关系，扩大自己的工作领域，提升自己的工作能力和办事效率，使工作变得轻松愉快，并有广阔的发展空间；在个人成长中，我们以社交口才获取知识、增加个人魅力，不断壮大自己，不断追寻或提升自己的人生目标，塑造理想的个人形象。美国口才教育专家戴尔·卡耐基说："一个人的成功，15%取决于知识和技术，85%取决于沟通——发表自己意见的能力和激发他人热忱的能力。"因此，在现代生活中，人们越来越重视口才方面的知识和修养，并提出"知识就是财富，口才就是资本"的新理念。

在全国各类高等院校的许多专业，《社交口才》早已开设为专业课或选修课，是一门深受学生欢迎的实用性、技能性课程。学生通过社交口才课程的学习，不仅理解并掌握了必备的社交口才基础知识和基本技巧，而且提升了自身的综合素质，增加了个人职场生存与发展的能力。

本教材立足大学生社交口才的知识传授和能力培养，具有很强的针对性和很广的适应面。主要适用于高职高专院校各种专业学生的教学，也可以适用于本科学生的教学，除此以外，还可以成为社会交际口才爱好者自我训练的参考书。同已有的类似教材相比，本教材具有以下特点：

1. 教材体例上的创新。本教材舍弃对社交口才理论知识的系统讲述，精选9个切合当代大学生社交生活的社交口才教学专题，以7个教学模块为教材编写的框架，其中的"演练题"、"补充案例"、"教学法建议"三个教学模块突显本教材针对性、实用性、可操作性的特色，并对教师运用教学法、组织课堂教学提出一定的建议。

2. 教材案例丰富。本教材借鉴国际流行的案例教学模式，案例丰富，内容涵盖学生社交生活的诸多方面，能较好地满足学生的摹仿和演练的实际需求。本教材不仅为课堂教学提供了大量的典型教案，同时为学生课后自学提供了补充案例，引导学生在案例所营造的实际社交情景中领会社交口才的奥妙。

3. 教材提供操作性强的教学法建议。本教材的教学法建议是在编写者经过几十年的实践教学中摸索总结出来的较为理想的切实可行的教学方法。运用了案例教学法、情景教学法、任务教学法等先进的教学理念和教学组织方法，改变传统的老师台上讲、学生台下听的灌输式教学模式，以学生为学习的主体和课堂教学的主角，教师则成为教学活动的"导演"和"裁判"。本教材重视学生的情感体验，重视学生积极参与的教学理念，针对不同专题的教学任务，提供了内容新颖、形式活泼、操作性强的教学法建议，力求让学生在实践中掌握社交口才的基本知识，从案例中品味出社交口才的精髓，最后达到在演练中切实提高学生社交口才水平的目标。

建议本课程的总课时为 58 课时，除概述部分为 4 课时以外，其余章节均为 6 课时。

本教材虽是编者在总结多年教学经验的基础上，精心编撰而成，但由于编者的水平有限、思考问题不周，恳请读者直言赐教，批评指正，以帮助教材的进一步修订完善。

编　者

2007 年 10 月

目 录

第一章 概述 1
 一、社交口才的重要性 1
 二、社交口才的原则 2
 三、说话恐惧症的主要表现及训练方法 8
 四、教学法建议 9

第二章 体态语言技巧 10
 一、体态语言的作用 10
 二、体态语言的基本原则 11
 三、体态语言的技巧 12
 四、体态语言注意点 16
 五、演练题 18
 六、补充案例（教师可设计问题，供学生学习分析）..................21
 七、教学法建议 26

第三章 拜访与接待技巧 27
 一、拜访与接待的作用 27
 二、拜访与接待的基本原则 27
 三、拜访与接待的技巧 29
 四、拜访与接待注意点 41
 五、演练题 41
 六、补充案例（教师可设计问题，供学生学习分析）..................43
 七、教学法建议 45

第四章 赞美的技巧 46
 一、赞美的作用 46
 二、赞美的基本原则 46
 三、赞美的技巧 47
 四、赞美注意点 52
 五、演练题 54
 六、补充案例（教师可设计问题，供学生学习分析）..................55
 七、教学法建议 56

第五章 批评的技巧 57
一、批评的作用 57
二、批评的基本原则 57
三、批评的技巧 58
四、批评注意点 65
五、演练题 68
六、补充案例（教师可设计问题，供学生学习分析） 69
七、教学法建议 71

第六章 说服的技巧 73
一、说服的作用 73
二、说服的基本原则 73
三、说服的技巧 74
四、说服注意点 80
五、演练题 81
六、补充案例（教师可设计问题，供学生学习分析） 83
七、教学法建议 85

第七章 拒绝的技巧 87
一、拒绝的作用 87
二、拒绝的基本原则 87
三、拒绝的技巧 88
四、拒绝注意点 92
五、演练题 93
六、补充案例（教师可设计问题，供学生学习分析） 95
七、教学法建议 96

第八章 问答的技巧 97
一、问与答的作用 97
二、问答的原则 98
三、问答的技巧 99
四、演练题 103
五、补充案例（教师可设计问题，供学生学习分析） 104
六、教学法建议 106

第九章 求职的技巧 108
一、求职口才的定义与作用 108
二、求职口才的原则 109
三、求职口才的技巧 109

四、求职口才注意点 115
　　五、演练题 119
　　六、补充案例（教师可设计问题，供学生学习分析）................................ 120
　　七、教学法建议 124
第十章　演讲的技巧 125
　　一、演讲的作用 125
　　二、演讲的原则 126
　　三、演讲的技巧 127
　　四、演讲注意点 130
　　五、演练题 134
　　六、补充案例（教师可设计问题，供学生学习分析）................................ 135
　　七、教学法建议 137
参考文献 138

第一章 概 述

一、社交口才的重要性

我国是文明古国，礼仪之邦，不仅有四大发明、万里长城、唐诗宋词等所代表的辉煌的传统文化，而且在口才与交际艺术上也是高度发达，首屈一指。历史上，孔子运用口语艺术开展教育；晏子出使他国，口才不凡；苏秦以雄辩之才挂起六国相印；张仪四处游说建功立业；范雎说秦王；触龙说赵太后；蔺相如"完璧归赵"；诸葛亮联吴抗曹，舌战群儒……到了近代和现代，也产生了梁启超、孙中山、鲁迅、毛泽东、周恩来、闻一多等许多能言善讲的大师巨擘。汉语中，所谓"一言定邦"、"一言兴邦"、"语惊四座"、"三寸不烂之舌，强于百万之师"、"铁齿铜牙"、"一语道破天机"等，也无一不是在赞叹口语交际的神奇功能。

现代社会是一个竞争与合作的社会，有的人在竞争中失败，有的人在合作中成功，这其中奥妙何在？生意场上有"金口玉言"，"利言攸先"之说；政治场上有"一言定升迁"之说；文化界有"点睛之笔"，"破题之语"，生活中常有生死荣辱系于一言之说。可见，在现代交际中，是否能说，是否会说，以及与言谈交际相关知识能力的多寡，影响着一个人的成功和失败。言语就如水一般，"可以载舟，亦能覆舟"，在社会上，人们的能力有高有低，快速了解他们，不妨看看他们的口才、口语能力的高低，其主要表现是说话的艺术。语言的力量能征服世界上最复杂的东西——人的心灵，通过成功的口才这一媒介，不熟识的人可以熟识起来，长期形成的隔阂可以消失，甚至单位之间，社会集团之间，国家之间的矛盾有时也可以通过它得到解决，若是语言运用不当，也可能交际失败，甚至损害自身的形象。"听君一席话，胜读十年书。"的确，跟那些有知识且具有口才的人交谈，比喝了一壶酒更令人兴奋，比听交响乐更能振奋精神，良好的话语可以带给人愉悦和欢畅，帮助你增加知识和修养，激发你的创造力，也可以增进人们感情的融洽。西方世界把"舌头（口才）、美元、电脑"视为人类生存的三大武器，而把"舌头（口才）"放在首位，可见其作用和价值非同小可，口才和交际能力确实是我们提高素质，开发潜能的至要途径，确实是我们驾驭生活、改善人生、追求事业成功的无价之宝。毫不夸张地说，口才是一门语言的艺术，是用口语表示思想感情的一种巧妙的形式，懂得语言艺术的人，懂得相处之道的人，他不会勉强别人与自己有相同的观点，而巧妙地引导他人到自己的思想上来，那些善于用口语准确、贴切、生动地表达自己思想感情的人、办事往往圆满，反之，不懂得语言艺术的人，最后自己也会陷入困境。在西方有位哲人说过："世间有一种成就可以使人很快完成伟业，并获得世人的认识，那就是讲话令人喜悦的能力"，人才也许不是口才家，但有口才的人必定是人才，所以说：口才是知识的标志，是事业成功的阶梯。

（一）社交口才是衡量现代人才的重要标准

在现代社会里，话语得体，口述准确清晰，即会说良言，是任何一类人才都必须具备的基本技能。孔子说："工欲善其事，必先利其器。"善于言说，就是一种促使事业成功的得力之"器"。作为现代化人才，不论攻文攻理，不先"利"口语这个"器"，就不能很好地"善"未来之"事"。纵有"经纶"满腹，遇到问询不能迅速准确解答，公开场合不能准确精辟的表达自己的见解，在现代这个合作竞争的社会就很难成为一个真正的人才。

口才是现代智能型人才的基本素质，思维敏捷、能言善辨是事业成功的保证，一个善于说话的人，首先必定具有敏锐的观察力，能深刻认识事物，只有这样，说出话来才能一针见血，准确地反映事物的本质；其次，口语交际的即时性还决定了交际主体必须具有敏捷严密的思维能力和应变能力，懂得怎样分析、判断和推理，说出话来才能滴水不漏，有条有理；最后，还必须有流畅的表达能力，间接来说，知识渊博，话才能说的生动通顺，可见口才具有综合能力的特征。因此，人们注重口语交际，提高社交口才，可以提升自己综合素质，成为符合现代社会需要的合格人才。

（二）社交口才可以维系人际感情和稳定社会环境

古人说："言为心声。"美好的话语，是人们美好心灵的显现。在社会生活中，优美的口语交际，是沟通人际感情的桥梁，是维系协调人际关系的纽带。俗语说："好言一句三春暖，恶言一句六月寒。"一席情真意切的美好话语，可以让人体味到你的善良和温馨，可以使人与人之间的隔阂误会冰释，也可以使人与人之间的烦恼怨恨顷刻间化为云烟。正如俄罗斯的一句谚语所说："世界上什么东西最能征服人心？谜底是语言。"

崇尚美言，自古就是中华民族的美德。《礼记·少仪》说："言语之美，穆穆皇皇。"《礼记·祭义》说："恶言不出于口，忿言不反于身。"《荀子·非相篇》还说："故赠人以言，重于金石珠玉；劝人以言，美于黼黻文章。"语言的文明，不仅是社会文明程度的重要标志，也是个人文化素养的集中表现。人们使用文明语言，体现谦虚美德，能让人感到人际间的温暖与友爱。说话实在、语言热情、措辞委婉、语气亲切、语调柔和，能让人体味到感情的真挚与诚恳，使听话者受到安慰和鼓励。反之，若说话粗野、出口伤人，便会引起人际间的矛盾和隔阂，甚至会导致对抗和冲突。

二、社交口才的原则

没有规矩不成方圆。社交口才有其固有的原则，正确地掌握社交口才的原则对我们的口语交际有很大的帮助。日常交际活动中，严格遵守这些原则说话，将会使你立于不败之地，相反，违背这些原则说话，则将使你处处碰壁，寸步难行。

（一）珍视他人的自尊

人类的个性需要爱，也需要尊重。人人皆有一种内在的价值感，都有强烈的自尊心及虚荣心。一个人随意地损害另一个人的自尊心，就等于打击了他的生命。因此，说话的第一个原则就是奉他人的自尊心为上帝，爱护别人的自尊心就像爱护自己的眼睛一样。法国作家安托娜·德·圣苏荷依曾说过这样的话："我没有权利去做或说任何事以贬抑一个人的自尊，重要的并不是我觉得他怎么样，而是他觉得他自己如何，伤害一个人的自尊是一种罪行。"这话值得我们牢牢记住。

在交际过程中，为遵守这一基本原则，必须注意以下几点。

1. 不妄加批评

【案例1】 《今日说法》提供：一个叫晶晶的杭州女孩，在从回家的途中失踪，经警方的调查，出租车司机杨某有重大嫌疑。杨某是东北人，和女友来杭州做生意，但"钱"途不顺，血本无归。杨某只好靠开夜班出租车（晚六点到早六点）来维持生活，女友也离开了他。经杨某交代：事发当天，晶晶搭乘他的出租车，在行驶途中，一辆大卡车违章驾驶，从侧面朝他的出租车撞来，他赶紧急刹车，虽逃过一劫，却把车上的晶晶吓了一大跳，晶晶责怪他："这样开车，迟早要出事，你们司机的命不值钱，我们乘客的命可值钱！……"他一听这话，心里很不舒服，骂了晶晶几句，晶晶也不是省油的灯，他们就这样一路互相指责，车里的火药味越来越浓，到了目的地，准备付钱时，晶晶发现计价器比平时多了两元钱，不肯付钱，拒绝下车，两人越吵越凶，他本想把晶晶拉下车，可晶晶以为他要打自己，就抓了他的脸，两人便打了起来，最后他将晶晶掐死，可是事后他怎么想也想不通他为什么会这么做！

人们常说，批评是帮助人改正错误和缺点的"良药"，可以"治病"，这话一点不错。但是，我们还应该牢记，"良药苦口"。药再好，但是太苦了，使人难于下咽，就会影响治疗的效果，所以人们在药的外面包上一层糖衣，使良药不再苦口。批评的技巧和方法就是这层糖衣，它使别人乐于接受你的批评，并且理解和体会你的善意和关爱，从而增进你们之间的感情。

生活中常常能看到这样的人：他总是喜欢对别人缺点毛病大加指责，而且不看时间、场合，不分对象，不讲究措词方式，结果呢，他常常受到更加猛烈的反击，因为谁也不愿意自己的尊严受到无情践踏。

2. 真诚地赞美他人

【案例2】 土耳其人为了逐出希腊人，曾与之进行几个世纪的较量。1922年穆斯塔法·凯墨尔率领土耳其士兵不断攻打希腊人，获得了胜利。希腊的两个统帅迪利科皮斯和迪欧尼斯前来谈判，凯墨尔没有摆出胜利者的架势，而是紧握对方的手，第一句话就是："请坐，两位先生，你们一定走累了。"后来又对两位将领说："两位先生，战争中有许多偶然情况。有时最优秀的军人也会打败仗。"结果谈判十分顺利，甚至连细节的争执都减少了。

应该将赞美与谄媚严格区别开来,不可混为一谈。要达到这一要求,必须做到发自内心地赞美别人。著名心理学家杰丝·雷耳说:"称赞对温暖人类的灵魂而言,就像阳光一样,没有它,我们就无法成长开花。但是,我们大多数人,只是敏于躲避别人的冷言冷语,而我们自己却吝于把赞许的温暖阳光给予别人。"

赞美不仅可以使仇敌成为朋友,也可以使身份地位相差很多的人融洽相处。这不仅需要人们懂得运用赞美,更要求人们运用巧妙,运用得当。

【案例3】 "刘姥姥赞美大观园"。当贾母问刘姥姥大观园"好不好"时,刘姥姥先是念了一声"阿弥陀佛",然后说道:"我们乡下人到了年下,都上城来买画儿帖,时常闲了,大家都说,怎么也得到画儿上去逛逛。想着那画儿也不过是假的,哪里有这个真地方呢?谁知我今儿进这园里一瞧,竟比那画儿强十倍,怎么得有人也照着这个园子画一张,我带了家去,给他们见见,死了也得好处。"贾母听了心花怒放。

此外还要注意时间、地点、对象、场合、分寸等,否则要引起负面效果。比如在我国一个男青年当面夸赞一个六岁的小女孩长得漂亮,这没问题。如果他当面夸赞一个二十岁的女同事长得如何如何漂亮,就可能会引起反感。再比如,几个人从考场下来,其中一个考得很好,而其他人则考得不甚如意,如果你一味当他们的面夸赞那个考得好的人,势必会引起其他人的不快。

总而言之,赞美是重要的,赞美的技巧更是重要的,我们要力争用得体的赞美之辞获得更多的理解、合作、欢欣、鼓舞。如果我们在日常交际当中,时刻注意给别人的生活带来欢乐,而且也会给我们自己的生活带来更多、更大的乐趣。因为喜爱会带来喜爱,赞美会带来赞美。

3.不自我夸耀

【案例4】 美国近代最有名的女作家玛格利特·米切尔,有一次参加世界笔会。有一位匈牙利作家不知这位衣着朴素、态度谦虚的女士是谁。他以居高临下的态度问道:"小姐,你是一位职业作家?""是的,先生!""那么,有些什么大作,可否告知一二部?""谈不上什么大作,我只是偶尔写写小说而已。""噢,你也写小说。那么,我们可以算是真正的同行了,我已出版了339本小说,那就是……,你写过多少部呢?小姐!""我只写过一部,它的名字叫《飘》。"不用说,我们不难想象那位自命不凡的匈牙利人目瞪口呆的狼狈相。

谦虚是人的美德。没有人喜欢自我吹嘘之徒。自夸等于在说:"我很聪明能干,比你们谁都强,你们非常愚蠢无能,跟我好好学一学吧。"显然,它严重伤害了听话者的自尊心,进而引起反感和敌视,所有的人都会想到你的缺点和不足,把你看作无自知之明的狂妄之徒,你的优点也就会淹没在对你的缺点的议论之中。

4.避免无谓的争辩

【案例5】 传说宋朝的范镇与司马光讨论乐律时,常常因见解不同而讨论再三。当谁也说服不了谁时,第一次他们采用下棋来决定胜负,范镇赢了;过了20年,范镇去看司马光时,只带了过去讨论过的8篇乐论,司马光又同他争论了好几天,但仍未取得一致意见,于是，他们又以投壶的游戏来决定胜负，这次范镇没有取胜。

卡耐基指出："十之八九，争论的结果会使双方比以前更相信自己绝对正确。你赢不了争论。要是输了，当然你就输了；如果赢了，还是输了。"无谓的争辩对争辩双方的身心和尊严都是一种摧残。

下面是避免无谓争辩的一些建议。

（1）欢迎不同的意见。

（2）不要相信你直觉的印象。

（3）控制你的脾气，口下留情。

（4）先听为上。

（5）寻找双方一致之处加以肯定。

（6）发现自己错了，敢于认错、道歉。

（7）同意仔细考虑对方的意见。

（8）不要速下结论。

（9）得理让人，及时转移话题。

（10）一时难以得出结论，及时退出讨论。

（二）围绕对方的兴趣展开谈论

【案例6】 有一位记者去采访一个最讨厌记者的赛马手。他知道这个赛马手曾多次使采访记者难堪，一无所获地败兴而归。那些记者们见到他往往问一些诸如"你今年多大岁数了？"、"从事赛马运动多少年了？"、"拿过多少次金牌了？"等问题，他当然已经厌烦回答记者的这类提问。这位记者见到赛马手后的第一句话就是"请问骑马时你左蹬比右蹬多放几只眼？"两蹬放眼不一样，是骑士的常用的平衡术。赛马手一听顿时来了精神，采访顺利地完成了。

中国有句俗话叫"酒逢知己千杯少，话不投机半句多"，交谈中对方对话题一点没有兴趣，双方的谈话就不会投机。是的，人们对自身的兴趣最大。诸如"我的家"、"我的晚饭"、"我的老师"、"我的领带"等这类带"我"的词语，对任何人来讲，都具有特殊的意义，谈起来也都津津有味。但是，当你在与别人谈话的时候，无视对方的存在，大谈"我的一切"，那就大错特错了。只就自己的兴趣谈话的人不会得到对方的好感，也引不起对方的兴趣，因而谈话很难持续下去。维也纳著名心理学家亚佛·亚德勒在他所著《人生对你的意识》一书中说："对别人不感兴趣的人，一生中困难最多，对别人的伤害也最大。所谓人类的失败，都出自于这种人。"

【案例7】 战国时，晋国和秦国联合进攻郑国，形势紧急。郑文公派大夫烛之武悄悄从城墙坠下，走到秦军兵营外，便放声大哭。守门的士兵把他押到秦穆公那里，秦穆公问他："你为什么深夜到这里哭？"烛之武说："我哭郑国，也哭秦国。""我们秦国有什么事要你哭？"烛之武说："我们郑国在晋国的东边，你们秦国在晋国的西边，请想想，秦国能够越过晋国来占领郑国的土地吗？郑国灭亡了，郑国自然被晋国占领，晋国的力量就比秦国大多了。替别人打仗争土地，让人家占便宜，聪明人是不干这种傻事的。"秦穆公说："晋国总会酬谢我们的。"烛之武说："多年来您对晋国有大恩大德，可他们报答您没有？当初您帮助公子夷吴回国当了君王，他答应拿焦地和瑕地给您作为谢礼，可是他早上渡河回国，晚上就在这两地设防，拒绝割地。晋国是个贪得无厌的国家，它今天灭了郑国，明天就会侵占秦国。削小秦国的土地以扩大晋国的土地，不应引起忧虑吗？您要是肯解除郑国的包围，我回去一定劝说国君脱离楚国，归附贵国。"秦穆公因之撤兵，并和烛之武歃血立盟，还派兵帮助郑国守城。

围绕对方兴趣的话题讨论也可理解成站在对方的立场，从维护对方利益的角度展开谈话。同时又能实现自己的目的，达到"双赢"。

（三）满腔热忱地投入谈话

【案例8】 小李去一个同学家拜访。他们已经两年没见面了。小李本想借此机会好好地叙叙旧，可这个同学将他迎进屋后没听他谈两句话就开始看表，谈话时东张西望，对他的话也充耳不闻，还不时起来找东西，说要去商店买东西。他当即起身告辞，从此再没登这个同学的家门。

人人都喜欢与谈兴颇浓的人交谈，并自觉不自觉地受其影响。试想，听话者对自己的话毫无热情，纯粹是为了应付，说话时东张西望，这怎么能使说话者对交谈发生兴趣呢？同样对对方的谈话表现冷漠，一味敷衍，所答非所问，也会给对方带来反感，丧失讲话兴趣。只有当谈话双方都抱着极大的热情进入谈话活动中，整个谈话才有吸引力。

情绪的传染是非常迅速的。当一个人讲述一个笑话时，即使你尚未完全理解，可看到他人或说笑话者本人开心大笑，你也会自然地裂开嘴巴。因此，在谈话中，我们要注意以热情打动听者，同时，也要对对方的话表现出极大的热情、浓厚的兴趣。如当对方谈及某个事情时，你可以不时点头称是，或适时提出一些简单的问题，如"后来怎么样？""你当时是怎么考虑的？""你怎么没动心呢？""如果你在场，你会表态吗？"等，表现出你对他所谈事情的关心。或者适时插话，表现你的兴趣："啊，原来是这样，真想不到。""我如果遇到这种情形，肯定会狼狈不堪，不知所措！""太妙了！""他可真不简单！"总之，你要让对方感觉到你对你自己的话有热情，同时对他的话也有热情，并且表现出浓厚的兴趣，这样，谈话就容易如你所愿持续下去，取得理想的效果。

如果你确实不想讲话，或者对话题或讲话人毫无兴趣，那你就及早退出或中止谈话，不可心不在焉地敷衍对方，这只能使对方反感，甚至愤怒。

（四）把握分寸

我们常常夸某人讲话得体，很有分寸，这意思就是说他的话讲得适度、恰当、自然，一切都恰到好处，既不过头，又留有余地。达到这种效果，并不是很容易的事情，要经过一番努力才行。把握分寸是非常重要的一个表达原则。

1. 把握交谈内容的分寸

把握分寸大体包括两个方面的内容：一是内容方面，什么话该说，什么话不该说，该说的话怎么说，对特定的时间、地点、环境、对象应该如何适应等，都应把握分寸。大约在300年以前，英国作家和政治家约瑟·艾迪生说："假如把人们头脑里的想法敲开，我们会发现聪明人和笨人的思想几乎毫无差别，差别仅仅在于聪明人知道如何精心挑选出自己的一些想法去和别人交谈……，而笨人则毫不在乎地让自己的想法脱口而出。"这里所说的，"精心挑选自己的一些想法"就是做好内容方面的选择锤炼工作，即把握内容方面的分寸。

2. 把握交谈形式的分寸

把握分寸的另一个方面是形式方面。同样的内容，通过什么形式表现出来，用什么手段能恰到好处地表现出来，这就是对话语进行形式方面的选择、加工。各种说话的技巧，就是对这种选择、加工的概括总结。但是，在运用各种技巧的时候，也应注意把握分寸。如同一种技巧在一次谈话中重复使用，效果肯定不好。

如何才能把握分寸呢？最起码要注意以下几点。

（1）注意修饰语的使用。美国学者多琳·图尔克穆对此有精辟的论述："名词是骨架，动词是肌肉，要用得准确。可特别要慎用形容词，它们是衣裳和装饰品。如让一简短的信息埋在毫无意义的修饰成分、限制成分和无谓的强化成分之中，或者埋入含糊不清的不确切的陈述中，那就像一个女子戴了过多的珠宝首饰，打扮得过于妖艳一样，她的美就被化妆品遮掩了。"这话很值得深思。在说话过程中，要注意言简意赅地表达自己的思想，绝不可在华丽的辞藻上费尽心机。此外，"最"、"毫无疑问"、"不容置疑"、"所有"、"全部"、"肯定是这样"等这类词语的使用必须慎重，大意不得。

（2）多用陈述句和一般疑问句，少用或不用祈使句和反问句；多用委婉的征询语气，少用或不用命令性语气。

祈使句表示请求或命令，但是，表示请求或命令的意思不一定非用祈使句不可。比较以下句子的语气：

① 帮个忙！（祈使句，表命令）
② 请帮个忙。（祈使句，表请求）
③ 我想请你帮个忙。（陈述句）
④ 请你帮个忙好吗？（疑问句）

再比如，我们听到别人对我们这样说："你就这样做，没错！"即使我们原来就想这么做时，听了这话后可能也要改变主意，因为我们天生就不愿意唯命是从地按别人的命令去办事。相反，别人若这样说，"这样做是不是更好一些？"那么，即使我们原来没有这样做的想法，听这话也会认真考虑，愿意试一试看。

反问句可以加强语势、增加战斗力，但在和亲朋好友或同事讲话时，就不可滥用反问句。

① 你怎么又忘了洗衣服？你怎么什么事情都记不住？
② 你有什么资格说我？你的记性难道比我好多少吗？你没有手吗？不会自己洗？你不知道我这两天很忙吗？
③ 你真很忙吗？打麻将怎么有那么多的工夫？

④ 打麻将是我的自由,你限制得了吗?你有什么权利指责我?

这是一对夫妻的对话,几乎句句离不开反问句,"战火"也就越烧越旺,最后也只能两败俱伤。如果换陈述句、一般疑问句来表达,效果恐怕好得多,不至于到不可收拾的地步。

有些人不懂反问句的危害性,与人谈话经常使用,"懂不懂?""这还不懂吗"、"这还用问?"、"这还不知道?",有的甚至把这类话变成口头禅,结果得罪了很多人。在日常交往中应该尽量少用或不用反问句。

(3)适当选用一些模糊词语。

为了使话说得留有余地,可以适当使用一些模糊词语,如"大概"、"也许"、"一般来说"、"可能"等。比较以下语句:

① 这种说法很有道理,一点没错。
② 这种说话大概有一定道理,虽然我也不能说它没有毛病。
③ 肯定要下雨了,带上雨衣吧!
④ 也许要下雨,你带上雨衣可能更好。

三、说话恐惧症的主要表现及训练方法

(一)说话恐惧症的主要表现

面对听众时,精神紧张,手足无措,四肢冰冷,头冒虚汗,张口结舌,语无伦次,甚至头脑一片空白,无法继续讲话,也就是怯场,因而使言语表达严重失控。

(二)说话恐惧的原因

1. 思想认识方面造成的自卑心理。
2. 缺乏必要的准备。
3. 不习惯当众说话。
4. 身体不佳。
5. 对客观环境,如会场、听众、讲台、气氛等不了解,一上台感到陌生,随之产生恐惧感。

(三)正确认识说话恐惧现象

1. 你害怕当众说话并不是特别。美国大学里的调查指出,演说课中 80%至 90%的学生,在上课之初都会感到上台的恐惧。许多职业演讲家都不否认,他们从来没有完全除去登台的恐惧。可见,,某种程度的恐惧并不一定影响你成为一名出色的演讲者。
2. 坚持不断地当众说话练习会使你适应说话恐惧心理:只要经过无数次的说话练习,获得成功的经验做后盾,当众说话就不再是恐惧和痛苦的折磨,而是一种极大的快乐。

(四)如何克服恐惧

1. 克服自卑心理,正确认识自己

尺有所短,寸有所长,个人有个人的优点。要善于发现自己的长处,肯定自己的成绩,

同时也认识到他人（即使是名人）也都有自身的不足之处。努力培养自己的自信心理，这对克服说话恐惧起着相当大的作用。有一位演讲家每到一地演讲，事先都买来一条当地最好的领带系上，他说："即使我其他什么都不行，但最起码我系的领带是第一流的。"显然，这是增加自信心的一种方法。

2．心中有人，"目中无人"

"心中有人"就是处处、时时考虑听众的需要，所谓"目中无人"，指的是不因听众社会地位高、名气大而影响个人情绪和演讲内容，既无视听众的地位、名气，把注意力集中在演讲的要点上，这就会减少恐惧的程度，增强自信心。在公开演讲场合，更应注意把握这个原则。

3．事先进行充分的准备

演讲者事先不做好充分的准备，临场势必自信心不足，"卡壳"现象也就不断，恐惧之心便随之而来。相反，准备充分，就容易使自己信心十足，恐惧心便会随着演讲进行很快消失。

4．不要匆忙开始讲话

初学演讲的人往往一上台没等站稳脚跟，就匆忙张口说话，结果常常是一紧张下一句话便想不起来了。走上台后应该先站稳，然后做深呼吸，同时目光扫视一下听众（但不可与某一个人的目光对视），这既增加氧气供应，同时也给了你勇气和信心。然后，开始讲话。

四、教学法建议

（一）本章建议 4 课时完成

（二）教学法建议

1．在上本章课程之前，可以让学生谈谈对社交口才的理解和认识，教师引导进行总结归纳。

2．通过相关的心理测试题，让学生对自己的社交口才水平进行打分，认识到自己在社交口才方面的优势和不足，方便学生在以后的学习中能有针对性地自我训练。

3．指定一些学生熟悉的话题，如你的大学生活、你的择业观、你的理财观、你的人生规划等，让学生上台进行一段 2～3 分钟的即性说话，然后由教师从学生的体态语言、语音面貌、说话内容等三个方面进行评价，使学生对自身的说话能力有一定大致的了解，同时方便教师对学生进行有针对性的辅导。

第二章 体态语言技巧

本章概述 人际交往中，表情、动作、空间等非语言的社交手段，统称为体态语言。体态语言对于人际交往的和谐进行、个人社交形象的树立都起到了重要的作用。本章主要探讨体态语言的作用、运用体态语言的基本原则、运用体态语言的技巧以及运用体态语言过程中所要注意的事项。

在人类交际活动中，除了使用有声语言以外，人们还通过手势、姿态、眼神等人体动作的不同变化来传情达意，这是一种"无声的语言"，一般称这为体态语，或称之为"人体语言"、"非自然语言"等。

一、体态语言的作用

体态语言是人们用来传情达意的一种重要的辅助工具。虽然直到20世纪60年代才开始对它进行系统的研究，但它在人类社会交际活动中所具有的重要作用，人们早已给了必要的关注。经过30年来一些语言学家、心理学家、社会学家、动物学家的潜心研究，已愈来愈为人所重视。心理学家阿尔特·蒙荷拉比还创立了下面这个公式："一句话的影响力=7%语言＋38%声音＋55%表情。"当然，对这个公式中言语、声音、表情在信息传递中信息承载量的比例尚可探讨，但它强调体态语在人际传播中的作用，还是有很大的现实意义的。

在日常交际中，一个人的体态语言是其文化素养和情趣的侧面体现，它用自己微妙的作用和效果完成着有声语言难以完成的任务，如果恰当地运用体态语言，可以让你更加端庄、大方，增加你人际交往中的个人魅力，迅速给对方留下一个好印象。我们往往在7～20秒内就判断了别人，而别人也是这样就判断了我们，这种印象极难改变，可能可以延续一辈子！这就是我们为什么本能地喜欢和讨厌一些人的原因。

如果你和别人见面无精打采，对方就会猜想你也许不欢迎他；如果你左顾右盼，不正视对方，对方可能怀疑你是否有交往的诚意；如果你趾高气扬，对方可能会认为你目中无人；如果你点头哈腰、谦虚过分，对方可能怀疑你别有用心。

同时，观察别人的体态语言也能了解对方的心理，有利于交际的成功。如果对方重重坐下去，并不自觉地晃动着身子，可能他情绪烦躁，心神不安；如果对方不时地晃腿或脚尖击地，可能是用这些动作来减轻内心的紧张；如果对方双肘支在双膝上，上身略微向你倾过来，说明他对你的谈话极感兴趣；如果对方有意识地挪开身体，说明他想与你保持一定的距离，对你有所戒备；如果对方坐着慢慢地向后靠，斜成一个半躺的姿势，可能他很自负,有强烈的优越感,这时,你就要小心应对了。

有趣的是,体态语言不仅能帮助我们了解对方的心理,还能帮助我们识别对方言语中的虚假信息。临床试验表明,有时体态语会在很大程度上与有声语言矛盾。一位女子告诉别人,很喜欢她的男朋友,与此同时,却又下意识地摇摇头,从而否定了她的口头表达。当孩子听父母训斥时,嘴里说:"是的,是的,我知道了。"同时却把身子转了过去,其实在发出另一种信号:"够了,够了,我要走了。"一般人在说假话时目光游移,不敢正视对方,甚至举止反常,人们常可据此判断他的话语的可信度。当一个人瞪着双眼,咬牙切齿地对一个姑娘说:"我非常爱你。"姑娘丝毫不会感觉到"爱"的甜蜜,只会毛骨悚然的。

可见,体态语言在社会交际中起着有声语言无法替代的作用。因此,我们既要善于理解他人的体态语言,又要注重自己体态语言的训练,利用它改善自己的形象,使自己成为一个在社交场上有魅力的人。

二、体态语言的基本原则

(一)自然是对体态语言的首要要求

有的人说话时,动作生硬、刻板、木讷;有的人则刻意表演,动作和姿态做作,像在"背台词"。这都会使人觉得不真实也缺乏诚意。孙中山曾这样告诫人们,"处处出于自然",即使"有时词拙",也"不可故作惊人模样",这样才能博得人们的信赖。因此有人说,宁要自然的雅拙,不要做作乖巧。这不是没有道理的。

(二)体态语言要简单精练

举手投足要符合一般生活习惯,简洁明了,易于被人们看懂和接受。不要搞得烦琐复杂,拖泥带水,不要龇牙咧嘴、手舞足蹈地像在表演戏剧。否则,不仅会喧宾夺主,妨碍有声语言的正常表达,也会使听的人眼花缭乱,不知所措。要注意克服不良的习惯动作,多余的体态语言必须去掉。

(三)运用体态语言要准确得体

所谓准确得体,即要求动作必须与说话内容、情绪、气氛协调一致,不要故作姿态、故弄玄虚甚至手口不一。

【案例1】 美国前总统尼克松在一次招待会上举起双手招呼记者们站起来,嘴上却说"大家请坐",使记者们大伤脑筋。

这则逸闻体现了体态语言与有声语言的不协调对社交气氛和表达效果的不利影响,只有准确得体的体态语言才能真正为人们在社交场合锦上添花。

(四)运用体态语言要生动有活力

生动是对体态语言的细节要求,使它在运用中富有活力,能够感人。只有生动的体态语,才能艺术地表情达意,才能给人以美感,从而产生感染力和征服力。事实上,体态语言也是丰富多彩的,如"看"这个动作就有三百多种不同的表现方式,如:正视、斜视、注视、凝视、仰视、轻视、鄙视等,每一种都代表不同感情,而它们之间的区别就在眉眼的细节上。因此灵活运用体态语言的技巧,充分展示其表情达意的活力,才能取得优美、生动的表达效果。

三、体态语言的技巧

（一）眼神技巧

1. 注意眼神表达的时间

心理学研究表明,与人交谈时,其视线接触对方面部的时间占整个谈话时间的30%～60%,超过这一平均值者,可认为对谈话者本人比谈话内容更感兴趣;低于这一平均值,则表示对谈话内容和谈话者本人不怎么感兴趣。如果长时间的凝视可理解为对私人占有空间的侵略;如果几乎不看对方,那是表明他满不在乎,傲慢无礼,或是企图掩饰什么。美国的亚兰·皮兹说:"有些人在我们谈话时会使我们感觉很舒服,有些人却令我们不自在,有些人甚至会看起来不信任。这主要是与对方注视我们时间的长短有关。亚杰的报告中指出,若甲喜欢乙时,甲会一直看着乙,这引起乙意识到甲喜欢他,因此乙也就可能会喜欢甲。换言之,若想与别人建立良好的默契,应有60%到70%的时间注视对方,这会使对方也开始喜欢你。因此,你就不难想象,紧张、羞怯的人由于目光注视不到三分之一的时间,而就不容易被人信任了。在谈判时,应避免戴深色眼镜,以免使对方感觉你在瞪着他。"

2. 注意目光的投向

与人交往中,要适时适度地注意对方。按对象的不同,注视可分为以下几种:（1）公务注视,用于谈判、磋商等正式严肃的场合。注视的位置在对方脸部,以双眼为底线,上到前额的三角部分。注视对方这个部位,显得严肃认真,对方也会感到你有诚意,你就会把握谈话的主动权和控制权。（2）社交注视,用于社交场合如茶话会、舞会及各种类型的友谊聚会。注视的位置在对方唇心到双眼之间的三角区域。注视这一部位,易于营造出社交气氛,使人轻松自然。（3）亲密注视,适用于朋友、同事、亲人之间。注视的位置在对方双眼到胸部之间。面对熟人朋友、同事,可以用从容的眼光来表达问候,征求意见,目光可以多停留一些时间,切忌迅速移开,不要给人留下冷漠、傲慢的印象。每次注视的时间不超过5秒,否则,长时间凝神对方,会让对方感到紧张、难堪。注视对方时,不能过多地眨眼。正常情况下,人的眨眼频率是每分钟5～8次。每次眨眼的时间也不能过长,眨眼时间不能超过1秒,否则意味着厌烦、不满甚至蔑视。

3. 注意目光的视式

目光视式,确切地表明交际者的态度。当他对对方非常重视,或者在谈严肃的话题时,一般是正视;当他对某人表示轻蔑或者反感,就会采用斜视;当他对某人毫无兴趣,甚至厌恶,就会采用耷拉眼皮的姿势。交际过程中,盯视、眯视、斜视、瞥视等都是不礼貌的表现,是不允许的。

4. 控制对方的眼神

如果你是向对方讲解什么问题或传授知识，需要用图画、实物、手势作辅助，应设法控制对方的眼神。当然，主要是靠你的注视，使对方不便"走神"，觉得你时刻在"盯"着他，注视他，也可以用一支笔或教鞭指着图画或实物，同时念出所指的部分，并注意把笔或教鞭移到彼此目光的直线上。你注视对方是为了使对方聚精会神地接收你传递的信息，你设法控制对方的眼神也是出于同样的目的。

5. 注意眼神表示的态度

目光运用要主动自然，不能消极游移；要亲切实在，不能故弄玄虚；要画龙点睛，不要闪烁不定；要恰到好处，不能迟滞、呆板或眨个不停。这样才能营造一个和谐友好的表达氛围，使交际走向成功。

（二）表情技巧

表情指的是人的面部表情，它能最迅速、最灵敏、最充分地反映出人类的各种感情，如喜爱、高兴、悲哀、快乐、怨恨、惧怕、愤怒、失望、怀疑、忧虑……人们还可以从面部表情的微妙变化中看到又爱又恨的心理，既紧张又高兴的情绪……难怪法国名作家罗曼·罗兰会说："面部表情是多少世纪培养成功的语言，是比嘴里讲得更复杂到千百倍的语言。"

1. 表情技巧的一般要求

（1）要有灵敏感。

就是说，要迅速、敏捷地反映内心的情感。一般来说，脸上的表情应当和有声语言所表达的情感同时产生，并同时结束，过长或过短，稍前或稍后，都不好。

（2）要有鲜明感。

讲话者脸上所表达的情感不仅要准确，而且要明朗，即每一点微小的变化都能让听众觉察到，喜就是喜，愁就是愁，怒就是怒。一定要克服那种似是而非、模糊不清的表情。如高兴时应喜笑颜开，忧愁时要愁眉苦脸，激动时要面红耳赤，愤怒时应脸色铁青。

（3）要有真实感。

也就是说，你的面部表情一定要使听众看出来你的内心，感觉出这是你心灵深处最真实的东西。如果让听众感到你哗众取宠，华而不实，你的面部表情做得再好也是失败的。

（4）要有分寸感。

要运用脸面表情传达情感并把握一定的度，做到不温不火，适可而止。过火，显得矫揉造作；不及，显得平淡无奇。以"笑"为例，说话时可以根据情感变化的缓急，有时可表现为"开怀大笑"，有时只是"莞尔一笑"，有时可表现为"抿嘴一笑"，有时则只需让人们体察到"脸上挂着笑意"。运用之微妙，全在于讲话者自己潜心琢磨，细心体味。

（5）要有艺术感。

如演讲中的脸面表情既区别于生活中的脸面表情，又区别于舞台艺术中"脸谱化"的表情。它既不能拘泥于单纯、原始的生活化，这样会缺乏美感、不感人；又不能一味追求纯艺术化，这样就会过度的夸张，不自然，像做戏，从而失掉演讲的现实性和严肃性。所以，如何把脸部表情和内心世界恰如其分地结合在一起，既有生活的真实，也带有一定的艺术性；既使听众受到情感的陶冶，又使他们获得美的享受，这值得演讲者认真研究。

2．微笑语的运用及技巧

（1）要笑得自然。

微笑是发自内心的，是美好心灵的外观。这样才能笑得自然、笑得亲切、笑得美好、笑得得体。不能为笑而笑，无笑装笑。像电影《满意不满意》中的小杨师傅那样，由于不安心服务工作，心里有抵触情绪，他的笑是为应付差事而"挤"出来的，是假装出来的，是皮笑肉不笑的。这样，不但不能迎来顾客，而且还会吓跑顾客。

（2）要笑得真诚。

微笑语既是自己愉快心情的外露，也是纯真之情的奉送。例如，1988年9月26日的《解放日报》有则报道——《高敏是个爱笑的四川姑娘》。

【案例2】 她每跳完一个动作，从水中跃上池边，总是轻盈地转身向观众鞠躬，随之脸庞上浮起两朵甜甜的笑靥。优雅、妩媚的风度，使这位跳水名将，在比赛中增添了印象分。在赛后的记者招待会上，路透社记者就劈头劈脑地问："在紧张激烈的比赛中，你总是面带笑容，这是不是一种战术？"高敏用又一个微笑回答："笑一笑，能使我轻松一下呀！"

"跳水皇后"高敏在比赛中的微笑，是必胜的信念、美好心灵的表现，是发自内心真诚的微笑，既包含了必胜的信心，又包含了对观众厚爱的回报。真诚的微笑令对手和观众内心产生温暖，传递美好的情感。因此，有那么多的人喜爱高敏，忘不掉她那颇具魅力的微笑。

（3）要笑得合适。

微笑并不是不讲条件的，也并不是可以用于一切交际环境的。它的运用，是很有讲究的。

首先，场所要合适。当你出席一个庄严的集会，去参加一个追悼会，或讨论重大的政治问题，自然不宜微笑。当你同对方谈一个严肃话题，或者告之对方一个不幸的消息时，或者你的谈话使对方感到不快时，也不应该微笑，或者应及时收起笑容。

其次，程度要合适。微笑是向对方表示一种礼节，一份尊重；也是自己仪容的展现。但也有一个程度问题。笑得太放肆、太过分、太没有节制，就会有失身份，引起对方的反感，微笑如果一笑即收敛，一闪而过，也同样收不到好的效果。总之以适度为宜。

再次，对象要合适。对不同的交际对象，应使用不同含义的微笑，传达不同之情，表达不同之意。对恋人，微笑是传递爱慕之情；对同事、朋友、顾客，微笑是传达友好之意；对长辈，微笑是表示尊敬；对晚辈，微笑表示慈爱；对敌对者的笑与上述微笑不同，是一种冷笑、讥笑、带有轻蔑、讥讽、鄙视种种含义。

（三）手势技巧

在动作语言，手是传情达意最有力的手段，不同的手势可以表达不同的意思，如双手紧绞在一起，它显示的意义是精神紧张；搓手表示有所期待，跃跃欲试；拍拍大腿表赞叹；捶胸表示悲痛；拍拍脑门表示悔恨；摊开双手表示真诚和坦白；握拳表示决心或愤怒或不满，怀有敌意；以手掩嘴，表示吃惊或表示不愿让旁人听。捏弄拇指表示心中紧张，缺乏自信；竖起大拇指表示夸奖；竖起小拇指表示轻蔑；手心向上表示风趣幽默，直率坦诚、积极、奉献、许诺；手心向下的手势表示否定、抑制、反对；两手叠加表示团结一致、联合，一事依赖于另一事或是命运相关、休戚与共；两手分开表示分离、失散、消极；手心向外的竖式手势可以表示分隔、对抗、不相容的矛盾或互不同意的观点；同时用两只手可表示呼吁、召唤，感情激昂，声势宏伟，气魄豪迈，伟大的理想，奋斗的目标，等等。

应该注意手势力度的大小、速度的快慢、时间的长短。手势不宜过多，动作不宜过大，切忌"指手画脚"和"手舞足蹈"。不要用大拇指指自己的鼻尖，谈到自己时应用手掌轻按在自己的左胸，那样会显得端庄、大方、可信；用手指指点他人的手势是不礼貌的，含有教训人的意味。一般认为，掌心向上的手势有诚恳、尊重他人的含义；掌心向下的手势意味着不够坦率、缺乏诚意等。因此，在介绍某人、为某人引路指示方向、请人做某事时，应该掌心向上，以肘关节为轴，上身稍向前倾，以示尊敬，这种手势被认为是诚恳、恭敬、有礼貌的。

另外，在人际交往中，腿部的动作常常不自觉地表露出人的潜在意识。如幅度小地抖动腿部，频繁地交换架腿的姿势，用脚尖或脚跟拍打地面，脚踝紧紧交叠等动作，都是人紧张不安、焦躁不耐烦情绪的反映。

（四）身姿技巧

身姿语言包括人的各种静态和动态的姿势，如立姿、坐姿、走姿等。不同的姿态可以传达出不同的信息。如端坐表示虚心求教，说话时摇头摆脑，两肩摆动，足尖击地，表示浮躁轻佻，弯腰曲背的身姿是对谈话不感兴趣或感到厌烦的表示，斜身而坐，表示心情愉快或自感优越，站立时挺胸抬头表示充满信心，乐观豁达，积极向上。

身姿语言的基本要求是站如松，坐如钟，行如风。

1. 站如松

正确的站姿是站得端正、稳重、自然、亲切，上身正直，头正目平，面带微笑，微收下颌，面容平和自然，肩平挺胸，直腰收腹，两臂自然下垂，中指贴拢裤缝，两手自然放松，两腿直立，脚跟相靠，两脚尖张开约60度，身体重心落于两脚正中，女子两脚可并拢，肌肉略有收缩感。

2. 坐如钟

坐姿包括入座与坐定的姿势。入座轻缓，走到座位面前转身，轻稳地坐下。坐定后，上身保持挺直，头部端正，目光平视前方或交谈对象，腰背稍靠椅背。在正式场合，或有位尊者在座，不能坐满座位，一般只占座位的2/3。两手掌心向下，叠放在两腿上，双腿自然弯曲，小腿与地面基本垂直，两脚平落地面，两膝间的距离，男子以松开一拳或二拳为宜，女子则不宜松开。非正式场合，允许坐定后双腿叠放或斜放，交叉叠放时，力求做到膝部以上并拢。

3．行如风

行走时轻快自然，如微风拂过。走姿的基本要求是从容、平稳，走出直线。双目向前平视，微收下颌，面容平和自然，不左顾右盼，不回头张望，不盯住行人乱打量。双肩平稳，肩峰稍向后张，大臂带动小臂自然前后摆动；前摆时，手不超过衣扣垂直线，肘关节微屈约30度，掌心向内，勿甩小臂，后摆时勿甩手腕。行走时，男士两脚跟交替踩在直线上，脚跟先着地，然后迅速过渡到前脚掌，脚尖略向外，距离直线约5厘米；女士则走一字步走姿，两脚交替踏在直线上。行走时不可把手插进衣服口袋里，尤其不可插在裤袋里。

四、体态语言注意点

善于言谈能给人以良好的听觉印象，再注意体态语的合理使用，便能给人以完整的听觉、视觉综合印象。所以，我们应该在严格训练自己的有声语言的同时，还应该严格训练自己的谈话、演讲中正确熟练地使用这种有力的武器。

要掌握好体态语的运用，必须认真学习、观察、联系、实践。体态语贵在自然，重在习惯，平时有修养，在交际中才能显示出其魅力，相反，矫揉造作的体态语是最令人肉麻的。

这里我们谈三个问题。

（一）培养并保持良好的习惯

良好的交谈习惯，对于青年人来说主要有以下几项

1．端坐

如在前辈、长者的面前，坐姿要端正，表现出一种虚心求教的诚恳态度。

2．直立

站立时要挺胸抬头，目光正视前方，表现出青年人的朝气。

3．凝视倾听

与人交谈时，要看着对方，注意力集中，认真听对方的每一句话。

4．双手送礼

给别人递东西，应双手奉上，表现出谦恭有礼的态度。

（二）防止或改掉不良习惯

下面这些不良习惯都是应该防止或改掉的：

1．目光斜视，游移不定；
2．身体左右摇摆，双肩晃动，脚尖乱划；
3．当着客人挖鼻孔，揉鼻子，扳脚丫；
4．说话时不时用手指着对方鼻子；
5．摸后脑勺，抓耳挠腮，摇头晃脑；

6. 当着长辈仰靠椅背，跷起二郎腿讲话；
7. 谈话时单腿抖动；
8. 讲话时摆弄衣物或其他东西；
9. 单手递物，或单手将茶杯重放在桌子上；
10. 衣冠不整。

（三）演讲时体态语的运用

体态语在当众演讲中的作用不容忽视。有人说，演讲内容为红花，手势为绿叶。这话不无道理。假如一个人在台上讲了半天，直挺挺地站在那里，像个木偶似的立着，一个动作也没有，其演讲效果肯定不会好。同样，动作使用不当，也会影响演讲效果。可见，在演讲中恰当地使用体态语是很重要的。

下面谈几点需要注意的事项。

1. 尽量不要重复同一个手势

在一次演讲过程中，同一个手势最好只用一次，尽量不重复使用。

2. 不要把姿势结束得太快

如果你用食指强调你的一个想法，一定要在整个句子中维持那个手势，不可刚一伸出，就缩了回来。否则，听众还没看清你的手势，你已经结束了动作，这还不如不做的好。

3. 要保持手势的自然协调

自然、有活力是行动的至善表现。演讲时，最好只做那些自然发生的手势，那才显得协调。为达到这一点，可在练习时"强迫"自己做某个你认为很有必要做的手势，经过多次练习，它就会自然地表现出来与演讲内容协调一致。如做不到这一点，你就别在演讲时生硬地做出这个动作。

过犹不及。在演讲中，手势太多，或动作太大，也会给人不自然、不协调的感觉，不但起不到加强语意的作用，反而减低了听众对你说话内容的注意，只是去注意看你的手势，这就是喧宾夺主。沈阳市企业精神演讲大赛上，某工厂演讲员动作可谓非常标准潇洒，而且在一篇 10 分钟的演讲中做了十几个动作，结果大家都只顾去"欣赏"他的手势，忘了他的演讲内容。他的这次演讲得分自然很不理想，演讲的手势与话剧角色的手势毕竟不是一回事。

4. 培养自己的个性

没有任何两个演讲家的手势是完全相同的。不要一味模仿别人，要想学会有用的手势，只能自己去揣摩，自己去培养。最有价值的手势是你自然发出的那一种。同一个意见，不同的演讲所使用的手势可能很不相同。如表示战斗到底的决心，有人用单拳上举来表示，有人用双拳上举来表示，有人可能用猛力甩头的动作来表示。

当然，如果你实在缺乏使用手势语的"天赋"，一时又掌握不好，那也不必为此沮丧。你的长处在其他方面，那就取长补短吧。演讲内容、思想，以及其他因素往往可以弥补这一弱点。

五、演练题

（一）根据下列题目，完成体态语言技巧的练习

1. 根据提示，朗读下列句子并配上相应的动作。

【演练 1】
我早期的生活经历像<u>流动的小溪</u>，我在里边尽情玩耍。
（一只手，手心向上——中区）

【演练 2】
让我们奏起<u>欢快</u>的音乐，跳舞吧！
（两只手，手心向上——中区）

【演练 3】
攀登吧，无限风光在<u>险峰</u>！
（一只手，手心向上——上区）

【演练 4】
<u>欢呼、跳跃</u>吧！我们成功了！
（两只手，手心向上——上区）

【演练 5】
他这人<u>太卑鄙</u>了，无法和他相处。
（一只手，手心向上——下区）

【演练 6】
仁慈的人大声疾呼：<u>和平！和平！</u>但是没有和平。
（两只手，手心向上——下区）

【演练 7】
沿着这<u>寂静</u>的小路，他快步走去。
（一只手，手心向下——中区）

【演练 8】
死一般的沉寂<u>笼罩</u>着大地。
（两只手，手心向下——中区）

【演练 9】
风助火势，火乘风威，<u>火苗越升越高。</u>
（两只手，手心向下——上区）

【演练 10】
<u>环绕他的四周</u>，升起了无形的墙。
（两只手，手心向下——上区）

【演练 11】
这是很有诱惑力，不过，让它<u>见鬼去吧</u>！

(一只手,手心向下——下区)
【演练12】
愤怒的人们会把你从这里清扫出去。
(两只手,手心向下——下区)
【演练13】
不要过分利用我的爱。
(一只手,手掌竖起——中区)
【演练14】
放弃这愚蠢的梦想吧!
(两只手,手掌竖起——中区)
【演练15】
天啊!别做傻事!
(一只手,手掌竖起——上区)
【演练16】
他们欢呼:胜利了!胜利了!胜利了!
(两只手,手掌竖起——上区)
2. 给下面的句子设计相应的手势,然后表演出来。
【演练17】
看!太阳升起来了,它光芒四射,普照人间。
【演练18】
什么是爱?爱不是索取,而是奉献!
【演练19】
小赵,真是个好样的!
【演练20】
中国人民是无所畏惧的,就是天塌下来,我们也顶得起。
【演练21】
一个人如果没有天大的理想,那他将一事无成!
【演练22】
希望同志们多多提出宝贵的意见。
【演练23】
同志们,千万要注意,这次试验是非常关键的一次。
【演练24】
这种损人利己的行为,我们是坚决反对的。
【演练25】
嫖娼、吸毒,这些旧社会遗留下来的腐败事物,必须彻底清除!

【演练 26】
大学生,这响亮的字眼,它意味着我们的汗水,意味着我们的奋斗!
【演练 27】
她轻轻地躺倒在草地上,仰望着蓝蓝的天空。
【演练 28】
高大的建筑物突然陷入地下。
【演练 29】
来吧,同学们,为我们的友谊聚会,干杯!
【演练 30】
我们要坚信,你不蠢,我不笨,我们都是有理想,有智慧的一代新人。
【演练 31】
伸出我们的双手吧,拿出我们的智慧吧,献出我们的青春的热血吧,我们是中华儿女,我们要做中华的脊梁!

3.在下列情景中练习体态语。
(1)初次与人见面。
【演练 32】
到某单位联系实习事宜,见部门经理。模拟练习敲门、进门、打招呼、握手问好、入座、开场白。
【演练 33】
在校门口迎接第一次来上课的外校兼课教师,模拟练习举手致意、快步上前、打招呼、握手、引路、进入教室。
(2)与人非正式交谈。
【演练 34】
在某次校际学术交流会休息期间,遇兄弟院校教授,模拟练习打招呼、握手、自我介绍、请教问题、就近找座位坐下交谈。
【演练 35】
系领导检查学生公寓卫生情况,模拟将领导请进宿舍、逐一介绍宿舍各处卫生情况、请领导就座、倒水端茶、向领导进一步汇报近期学习生活情况。
(3)与人正式会谈。
【演练 36】
参加接见某国外学生代表团,进行校际交流,主题是本校大学生科研情况介绍,模拟练习见面、逐一介绍、入座、发言。
【演练 37】
代表校学生会与同学一起前往某企业会谈,协商该企业赞助本校艺术节事宜,模拟练习进入该企业会议室后,自我介绍、握手、入座、会谈。

（4）应聘面试。

【演练 38】

学生会招聘干事，前往面试应聘，考官中有熟悉的老师和同学，模拟练习进入考场、就座、自我介绍、回答问题。

【演练 39】

某公司招聘工作人员，自己即将毕业，前往应聘，模拟练习进入面试现场、自我介绍。

（5）正式发言。

【演练 40】

班级召开"校园精神文明建设"主题班会，有系领导和老师参加，模拟练习轮到自己发言时，从座位上起立、走到主席台、拿出稿子、开始发言。

【演练 41】

系里召开毕业实习总结茶话会，模拟练习主动举手发言，坐在座位上边喝茶边环顾四周发言。

（6）与人告别。

【演练 42】

系领导到宿舍了解学生生活情况，在宿舍与同学谈话完毕后，模拟练习起身相送、至电梯口、握手道别。

【演练 43】

到某单位联系工作，会谈结束后，与对方告别，模拟练习结束谈话、起身告辞、握手、离开。

（二）录像观摩

【演练 44】

仔细观摩在 1993 年亚洲大专辩论会上蒋昌健"人性本恶"的总结陈词的录像，完成下面训练。

（1）蒋昌健使用了哪几种类型的手势？最具表现力和美感的是哪几个手势？

（2）他的手势、身姿、面部表情、语调、语气配合得如何？有何特色？

（3）试着模仿他的姿势，讲述其中几句话（每人选几句）。

六、补充案例（教师可设计问题，供学生学习分析）

【案例 1】大学入学报到时初次见面的体态语言。

9 月份西安的天气，依然是酷热难耐，天气预报说 36 度，有资深人士指点说这是骗人的，至少有 38 度。

对于一个刚从昆明过来的人而言，这样的天气显然有些残酷。可是我竟然还穿着一件外套，外套里面竟然还有一件皮马甲。

……

马甲中装着一万块钱，虽然我的家境不算太坏，但这是我有生以来携带的最大的一笔巨款。古人说，财不外露，这点道理我还是懂的。

我傻傻地站在学校食堂门口的那棵小树下。12点半，还有1个小时工作人员才上班。

……

周围很多人注意到我了，已经有人开始指指点点。虽然我一向低调，但那天我确实很醒目——我发誓，我不是故意的。

在别人的讥笑和嘲讽中能够保持体面，是一件值得骄傲的事情。

我挺起胸，大义凛然的样子。

……

那天，她先是惊奇地盯着我看，然后低头，偷偷地笑，最后终于忍不住，弯腰哈哈大笑起来，那么肆无忌惮。

至于吗？夏天穿棉袄，冬天穿背心，个人的爱好问题，数九寒天里商场的模特儿还穿三点式表演，也没见谁在旁边看得那么开心的。

我恼怒似的看了她一眼，心里却闪过一个词：花枝乱颤。男人有的时候真的很贱，虽然我只能被称为男孩。

……

她终于直起腰，斜斜的看我一眼，然后抿着嘴跑开了，我长吁了一口气。可是一会儿，她又回来了，后面还跟着两个人，应该是她的爸爸妈妈吧。

可恶！

她们在离我四五米远的地方停了下来。她用嘴朝我站的方向努了一下，叽叽咕咕地向她父母说着，很开心的样子。她妈妈微微笑着，她父亲则是一脸的严肃。她大概看出了父亲的不高兴，撒娇似的靠过去，并用手指着我。她父亲显然生气了，粗暴地把她的手打落下来，转身走了。

她呆了一下，开始撇嘴。

（旧梦如欢《那一季的青春张扬》）

【案例2】应聘学生会干部时的体态语言。

等了好久．才等到叫我进去。

面试的那间办公室的门是关着的，我在伸手推门的一刹那想起面试必杀技里说到，进门前不管门有没有关都要先敲门，一时紧张就差点忘记了。

咚咚，请进。

我一看，晕，坐了10多个人，那架势还真的蛮吓人的。我无比崇敬地看了他们一圈，当时觉得他们好威风啊（现在想起这些人模人样煞有介事吓唬新生、吓唬小弟弟、小妹妹的学长就可笑）！

轮流发问。……他们不知所云地问，我不知所云地答。面带微笑，娓娓道来。我的一大的优点就是镇定，不怯场，越是在紧张的时候态度就越是自然温和。

直到他们说，好了，我们会在下星期通知你是否被录取的。

我说，好，谢谢。

（易粉寒《粉红四年》）

【案例3】 到实习单位报到时的体态语言。

进了房间，我看见了今天接待我们的人，一小青年，长得倒蛮英俊的，瘦瘦的，西装穿得跟平面广告上的模特一样，看上去特别干净。

在他办公桌对面坐下来，微微就跟我介绍，这是陆叙，这是林岚。……

我估计是跟闻婧、微微她们说多了，一时还没习惯装淑女。现在可好，我坐直了身子双腿夹紧连屁都不敢放，陆叙在那儿咳嗽了一声，然后对我伸出手，说，我叫陆叙。特有风度。

然后他对微微说，微微您介绍的人我肯定不敢说什么，用肯定是没问题，不过月薪我只能付到四千块，您看成吗？

我一听心里就踏实了，已经准备站起来走人了，结果微微在那儿坐得跟老佛爷似的，慢悠悠地说，四千可不成，起码六千。我一听这话当场血压噌就上去了。我用手在下面碰了碰微微，她倒好，反踹我一脚，要知道你穿的可是牛皮靴啊，要搁平时我早龇牙咧嘴地扑过去了。

陆叙看着微微，沉思着，微微继续扮老佛爷，我也在旁边硬装大头蒜，表情跟绝世清高的艺术家似的——其实艺术家不是清高，而是你钱不够，清高只是拒绝你的一种最好的手段。

微微见陆叙不说话于是玩得更狠了，她噌地站起来说你慢慢考虑吧，我可没工夫这样耗着，说完转身踢着正步往门口走，我心里在滴血啊，可是没办法，只能跟在她后面踢正步，不过我没穿靴子，踢起来没微微那么理直气壮。

微微正要出门手都按门把上了，陆叙突然说，等一下。

我看见微微脸上邪恶的笑容，我知道这厮又胜利了。

陆叙说，其实说实话我们的正式员工刚进来月薪都没这么高，既然是微微姐介绍的，那么不知道可不可以先看看她的专业功底？

……

微微说，我这么告诉你，我能做出来的东西林岚就能做出来，以后要有什么你交代的事儿林岚做不了我微微立马打车过来给你做，白给你做，成吗？

陆叙笑了，笑容特干净，像一大学生。

他说，微微姐您这样说了那就没问题了，然后他转过来望着我说，林岚你随时可以来上班了。顺便告诉你，我是你顶头上司，合作愉快。

他伸出手我赶忙握过去，心里想的是六千块啊！整整六千块啊！

（郭敬明《梦里花落知多少》）

【案例4】 班会选举时的体态语言。

唱票的时候，我注意观察了一下罗艺林，她一直目不转睛地盯着黑板，她和另外一个女生的票不相上下。看得眼睛珠子都要掉出来了。大约是看得心慌，就趴在桌子上，把头埋下来了。不到十秒钟，头抬起来了，耳朵又竖起来了，眼睛直视前方。到底不是豁达的人，到底是有太大的期望，潇洒是装不出来的。不然也枉费了她在选举前那个星期对我们寝室人的大恩大德啊。

【案例5】好友间表示亲密的体态语言。

火柴站在我床尾。冲我打石膏的脚重重地拍了一巴掌，怎么弄的啊这？

我痛得龇牙咧嘴地，拿起一个苹果就砸过去，火柴手一挥就接住了，直接咬了一口。

我再一次地用眼斜着陆叙把我弄成这副模样的原因陈述了一遍，火柴听到一半就特激动，又来劲了……

（郭敬明《梦里花落知多少》）

【案例6】向生人表示友善体贴的体态语言。

回到店里，老板似乎已等得不耐烦，"怎么这么慢？"他问，不等我（郭建伟）回答，又说："诺，再跑一趟，刚才来了一个电话，说他妈住院了，他不能回来，让我们送一束鲜花安慰一下老人家。"

老板给我讲明了路线，把包好的花递给我说："记住，送花给她的时候，你就是他的儿子！"

我是他儿子？我有些不明白，但又有些明白地上了路。

费了很大的周折，我终于找到了地方。问了护士长能进去，我便向301房走去。我的双腿灌了铅般地沉，脑袋似乎也要胀裂开来，我觉得我也该住院了。

轻轻推开病房门。房里共4个床位，3个空着，一个床位上一位头发花白的老人正靠着一个枕头半卧着，看见我进来，疑惑地看着我。

"我来看您来了。"我说，"我是'邦彦鲜花店'的，您儿子余先生现在不能回来看您，但他非常牵挂您的病情，希望您早日康复。"

老人不接花，喃喃地说："不能回来，不能回来……"眼里慢慢地涌上泪水。

我定定地看着老人，眼睛也要潮湿，连忙说："您真像我妈！"

老人诧异地看着我。

"我妈呀，想我哥时也像您一样，不过，她很快就会笑起来，她说，'母子是感应的，我这一流泪，他不是也要伤心么？'"

老人擦了泪，露出了笑容。我们开始聊起家常。

（何建明《落泪是金》）

【案例7】信心不足时力求沉稳的体态语言。

今年4月，我到上海采访的第一个学校是华东理工大学，这个学校是上海几十所高校中贫困生最多的一所。学生工作部的老师特意给我介绍来了该校化学专业的曾祥德同学。在我面前坐着的这位瘦小的同学身上，看不到一点点在东方大都市上学的那种特有的上海大学生风采。他穿得上大下小，似乎蛮新的罩衣和很旧的球鞋，以及低着头、搓着手说话的情态，一看便明白地告诉你这是个"山里娃"。

只有知识和语言属于这座著名大学的学子。果不其然。

"我到上海读大学一年多，没上街出去过。只有在香港回归那天学校组织上了一次南京路，也就是一两个小时就回来了。"曹祥德同学说。

"老师说你是95年考上大学的，怎么你现在才是96级生呢？"

"我考上大学后整晚了一年才有学籍的。"他说。

"为什么？"

"接到录取通知书后家里没有钱，我就出去打工，给耽误了。"

"那——你当时没怕失去学籍？那样不就遗憾终身么！"

"我当然知道。可……当时什么办法也没有。"他抬起头时，两眼泪汪汪。

"能给我说说吗？"我轻轻端过杯中水，怕触痛他的伤痕。

曹祥德同学稳了稳神，说："可以。"

（何建明《落泪是金》）

【案例8】到新环境中不知礼节时的体态语言。

"你就是于吉磊同学？请先交入学通知书。"负责新生注册的老师机械地在为新报到的学生办入学手续。

于吉磊毕恭毕敬地递上入学通知书。

"再交5 830元钱。"

于吉磊迅速地解开裤腰带……

"哎哎，你要干什么？"那个负责注册的年轻女老师突然冲着于吉磊大声嚷嚷起来。

"我、我不干啥呀！"于吉磊不知老师为何突然对他如此厉害。

"不干什么，你、你解什么裤腰带？"

于吉磊明白了，他的脸也跟着红到了耳根。"我是取钱……"

"真是的。"女老师顿时没有好气地说："快点快点，别让后面的同学等着。"

（何建明《落泪是金》）

【案例9】争议、争执时保持镇静的体态语言。

我把辞职信放在张浩面前，张浩明显看起来比较心虚。……

来之前我就决定了不生气，可是我还是生气了。……我豁地站起来，猛拍了一下桌子，说实话我有点儿后悔，我的手被震得特别疼，可是我还是得装大头蒜，要疼也要等我把该骂丫的骂完了我再自个儿疼去。……

张浩的脸上一阵红一阵白的，到后来整张脸都绿了。估计他还没被人在公司里这么骂过呢。可是几分钟之后张浩变得很平静，就是那种很无奈很无奈的平静。我当时有点儿不相信这样的表情会出现在这样的人的脸上。……

张浩站在他办公室高大的落地窗玻璃前，看着下面的芸芸众生。他说，……姚姗姗是那个大客户介绍过来的，这里面的事情我不讲你也明白。那个客户和你的陈伯伯一样，我们公司每年的利润差不多都是这几个大客户提供的,所以开罪不起。这是我的无奈,也是这个世界上每一个人的无奈,你懂吗?

我看着张浩,我觉得他变了个人。我终于发现自己看人的眼光太过简单,我从来没有去想面具下面是一张怎样的面容,我总是直接把面具当做面孔来对待,却忘记了笑脸面具下往往都是一张流着泪的脸。

(郭敬明《梦里花落知多少》)

【案例10】掩饰内心不快时的体态语言。

那天洗完脸以后,苏萧就说,能不能让我试下你的香香(女生不知道从什么时候起把一切面霜之类的东东都叫做香香,初听,很觉得矫情,到后来自己也这样叫了)。

章含烟微笑了一下递过去。我总觉得章含烟一笑一颦都有大家闺秀的风范,有点羡慕。想想,三代才能够培养出一个真正的贵族,自己也就不奢望什么了。各人自有各人的命。

我看到苏萧很认真地用食指挖了一小点,然后对着镜子,在脸上点了五个点。还是觉得不够,犹豫了一下又挖了点起来。盖好盖子后就把香香放回了章含烟的桌子上。然后开始认认真真地抹啊抹,我都怀疑她的脸皮是不是要被抹破了。

章含烟继续躺在床上听她的 CD。我比较心疼她那香香,如果是我,恐怕不容易把不快掩藏得那么好。当然章含烟或许并没有什么不快,毕竟人家是非常有钱人家的女儿。

(易粉寒《粉红四年》)

七、教学法建议

(一)本章建议6课时完成

(二)教学法建议

1. 结合电影、电影剧的影像资料或是演讲、朗诵比赛的录像资料,将其中成功与失败的体态语言情景案例让学生比较、分析、评判,再由教师点评、总结,并指导学生反复模仿直至掌握成功的体态语言。

2. 在学生完成演练题的过程中,可将学生的训练实况录制下来,及时回放给学生观看,通过学生自评、小组互评、教师点评等程序,使学生对自身运用体态语言的得与失有直观和清醒的认识,以便学生在课后的训练及运用中能扬长避短、用的放矢地纠正错误。

3. 先安排一名学生把教师要求的体态语言表演出来,再请其他学生来回答这些学生表演的是哪些体态语言,以评判这名学生的表演是否准确、到位,最后由教师点评、总结。

组织一组学生(若干名)把教师要求的体态语言表演出来,再让其他学生来评价这组学生哪个表演比较准确、到位,最后由教师点评、总结。

4. 安排学生观看中国人民大学金正昆教授的体态语言电视讲座,组织学生分组讨论,最后总结出体态语言知识要点。教师负责提供讨论的题目及点评学生的总结情况。

第三章 拜访与接待技巧

本章概述 拜访是交流感情、沟通信息、统一意见、解决事务的有效渠道。接待是个人或组织加强横向联系，展示个人风度和单位形象的重要窗口。本章主要探讨拜访与接待的作用、拜访与接待的基本原则、拜访与接待的技巧以及在拜访与接待中所要注意的事项。

一、拜访与接待的作用

（一）拜访的作用

拜访，又称拜见、拜会，它一般是指前往他人的工作地点或私人居所会晤对方、探望对方，或是与之进行的接触。不论在公务交往还是私人交往中，拜访都是人们习以为常的一种社交方式。

在我们的生活当中，许多事情都需要当事双方面对面的互相交流才能加深了解、消除疑虑、达成共识。拜访是一种创造交流机会的有效途径，也是交流感情、沟通信息、统一意见、解决事务的有效渠道，一次成功的拜访将会给你带来意外的收获，也为你树立良好的社交形象提供了机遇。

（二）接待的作用

接待是个人或组织加强横向联系，展示个人风度和单位形象的重要窗口，热情大方、彬彬有礼的接待，将会给客人留下深刻而又友好的印象，同时会加深彼此的了解，促进其他各项事业的发展。

二、拜访与接待的基本原则

（一）拜访的基本原则

1. 选择合适的拜访时间和地点

不能只在"有求于人"时才想到拜访，而应该多站在交际对方的角度考虑一些问题，使拜访经常化。如果当你知道对方迫切需要物质帮助或精神扶助时，能急对方这所急，想对方之所需，及时登门帮助分析原因、解决问题，从长远来看，无疑是最佳的拜访时机。与此相反，那种"有事常登门，无事不见影"的拜访是不受欢迎的，结果也是不太好的。

在具体的时间选择上，最好是双方比较方便的时间。到写字楼拜访，最好不要选择星期一，因为新的一周刚开始，往往是大家最忙的时候。还必须了解单位的作息制度，尽可能避开对方工作高峰时间或午休下班时间。如果是到个人私宅拜访，最好选择在节假日前夕。由于中国人普遍有午休习惯，登门时间最好不要安排在中午。从我国目前的实际情况看，晚上7点至8点，也许是到家拜访的较好时机。尤其值得注意的是，如果不是对方请你赴宴的话，选择拜访时机无论如何应尽量避开对方的用餐时间。在拜访过程中，应增强时间观念，拜访时间不宜过长。

在选择地点上，要尽量遵循"客随主便"的原则。

2．要了解拜访对象

世界上没有两片完全相同的树叶，同样，我们拜访的对象也各属不同的类型。他们的年龄、民族、文化程度、职业、宗教信仰、家庭成员、经济收入、价值观念，乃至性格爱好、行为方式都不相同，这些需要事先了解清楚。如果了解不够，面谈时就不会得心应手，甚至会冒犯对方的忌讳，引起对方的不满，最终影响拜访效果。因此，拜访者可以通过自己的观察，根据朋友、他人的介绍，或从有关资料中了解情况，分析拜访对象的"特点"，切实制订面谈的策略，从而增强拜访的信心。

3．拜访前要修饰自身形象

不修边幅的人难以获得别人的尊重。因此，出门拜访之前，应根据访问的对象、目的等，对着镜子将自己的衣饰、容颜适当修饰一下。衣帽应整洁，因为蓬头垢面、衣冠不整的形象不但会给别人不愉快的感觉，而且也是不尊重主人的表现。

（二）接待的基本原则

1．细心安排

与来访者约定拜访之后，主人既应着手从事必要的准备工作，以便令客人到访时产生宾至如归的感觉。主人先期需要准备安排的，主要有四项工作。

（1）环境卫生。

在客人到来之前，需要专门进行一次清洁卫生工作，以便创造出良好的待客环境，并借以完善个人的整体形象，同时体现出对来客的重视。

（2）待客用品。

通常，有客来访之前，需要准备必要的待客用品，以应客人之需。在一般情况下，必不可少的待客用品有四类：一是饮料、糖果和点心；二是香烟；三是报刊、图书、玩具；四是娱乐用品。

（3）膳食住宿。

在一般情况下，接待来客时，均应为其预先准备好膳食，并且在会面之初，便向对方表明留饭之意。假如"有朋自远方来"，还需为其安排住宿，家中或本单位不具备留宿条件的话，事先应先向对方说明。

（4）交通工具。

接待远道而来的客人时，要事先考虑其交通问题。如果力所能及，则最好主动为其安排或提供交通工具。为来宾安排交通工具，应讲究善始善终，不但来时要管，走时也要管。

2．热烈欢迎

客人到来之时，主人对其欢迎与否，客人是十分敏感的。因此，在客人抵达后，主人要做的头一件事，就是要向对方表示热烈欢迎。当客人告辞时，亦需热情相送。

（1）迎候。

对于重要的客人和初次来访的客人，主人在必要时要亲自或者派人前去迎送。迎候远道而来的客人，可恭候于其抵达本地的机场、港口、车站，或是其下榻之处，并要事先告之对方。

（2）致意。

与来客相见之初，不论彼此熟悉与否，均应面含微笑，与对方热情握手。在此同时，还应当对对方真诚地表示："欢迎，欢迎"，并致以亲切的问候。

（3）让座。

如约而来的客人到来之后，主人应尽快将其让入室内，并安排其就座。若是把客人拦在门口谈个没完，通常等于主人是在向客人暗示其不受欢迎，来得不是时候。另一方面，在就座之时，为了表示对客人的敬意，主人应请客人先行入座。千万不要不让座，或是让错座。

3．热情相待

在待客之时，主人一定要表现出自己的热情、真诚之意。对客人热情相待，应当主要体现在一心一意、兴趣盎然、主次分明等三个方面。

（1）一心一意。

有客来访之时，客人就是主人的上帝。待客就是主人的工作重心。因此，在接待客人时，一定要真正做到时时、处处、事事以客人为中心，切勿三心二意，顾此失彼、有意无意地冷落客人。

（2）兴趣盎然。

在宾主相处之际，相互之间自然要进行必要的交谈，以便沟通和交流。宾主进行交谈之时，主人不仅要准确无误地表达和接受信息，而且还要扮演一个称职的主持人和最佳的听众。

（3）主次分明。

在待客之时，主人应讲究主次分明，即把来宾视为主人活动的中心，主人的私人事务一般均应从属于来宾这一中心，这是待客主次分明的第一层意思。待客时主次分明的第二层意思，则是指在待客之时，此时此刻正在接待的客人，应被视为主人最重要的客人。也就是讲，对于后到的客人既要接待，又不能为此而抛弃目前正在接待的客人。

三、拜访与接待的技巧

（一）拜访的技巧

1．说好称呼语

（1）原则。

① 礼貌原则。

这是人际称呼的基本原则之一。常用的尊称有："您"——您好、请您……；"贵"——贵姓、贵公司、贵方、贵校、贵体……；"大"——尊姓大名、大作……；"高"——高寿、高见……；"尊"——尊口、尊夫人……

② 尊崇原则。

一般来说，汉族人有从大、从老、从高的心态。如对同龄人，你可称呼对方为哥、姐；对既可称"爷爷"又可称"伯伯"的长者，以称"爷爷"为宜；对副科长、副处长等，也可直接以正职相称。

③ 适度原则。

要视交际对象、场合、当地社交习惯、双方的关系等选择恰当的称呼。如称青年女性为"小姐"，在改革开放初期，因受港台的影响，这个称呼很时尚、流行，但是现在由于"小姐"有了特殊的含义，再称呼青年女性为"小姐"时要慎重。

（2）称呼方式。

一般在正式场合的称呼，应注重身份、职务、职称等；在非正式场合，则可以以辈分、姓名等称呼。在涉外活动中，按照国际通行的称呼惯例，对成年男子称先生，对已婚女子称夫人、太太，对未婚女子称小姐，对年长但不明婚姻状况的女子或职业女性称女士。这些称呼均可冠以姓名、职称、职业等。如"布莱克先生"、"上校先生"、"护士小姐"。对部长以上的官方人士，一般可以称"阁下"，如"部长阁下"、"总统先生阁下"。但在美国、墨西哥、德国等没有称"阁下"的习惯。在这些国家里的人士，可以称"先生"。外国人一般不用行政职务称呼别人，不称"某某局长"、"某某校长"、"某某经理"等。

如果在同一场合有很多人，就应按一定顺序打招呼。如群体中有长辈、年轻人或异性，打招呼的顺序应是先长后幼、先上后下、先女后男、先陌生人后熟识人为宜。称呼是否得体，能反映出说话人的道德修养、知识水平和文明程度，也能充分体现出说话人的社交能力和交往技巧。

【案例1】 1972年周恩来总理在欢迎美国总统尼克松的招待会上这样称呼："总统先生，尼克松夫人，女士们，先生们，同志们，朋友们！"

这种称谓客气、周到而又出言有序，体现出了总理外交家的风度，给人们留下了深刻的印象，是我们学习的典范。

2. 作好自我介绍

自我介绍实际上是一种自我推销，它能给别人留下第一印象。自我介绍的目的是让别人了解自己，努力搭起自己与陌生人之间相互沟通、相互信任的桥梁。自我介绍要注意镇定自信，繁简得当，把握好分寸，要讲真心话，勇于袒露自己，诚恳而又热情，使对方产生信任感和亲切感，使对方感受到自己的友善与随和，从而愿意接近我们，与我们深入交往。

（1）自我介绍时要自然亲切、谦虚求实、主动热情。

【案例2】 上海解放以后,陈毅以市长兼军管会主任的身份第一次和上海文化人见面,他对自己的生活历程作了一番袒露,迅速赢得了上海文化教育界人士的信任、推崇和亲近。他是这样介绍自己的:

我这个共产党人不是天生的,我也算是知识分子出身。我翻译过波特莱尔的诗,写过小说诗文。我个人的改变就经历了三个阶段。开始是地主出身,封建家庭,信孔夫子那一套。后来接触了新思想,改信了"德先生"、"赛先生",变成了资产阶级民主主义者,这是第二阶段。最后从法国勤工俭学回来,经过了矛盾、消沉、碰壁,才选择了革命道路,确立了共产主义信仰。这几步我走得都不容易,有别人推动,也有环境的逼迫。诸位朋友们,将来我还愿意与你们一道,继续走思想改造的道路。

显然,陈毅的此番介绍之所以获得成功,就在于他敢向广大上海文化界人士披露心迹。如果我们敢于在别人面前剖析自己,事实上就是将对方当作了朋友,对方因而容易与我们取得情感上的沟通。

骄傲自大就像刺猬的针刺一样让人敬而远之,虚伪的浮夸更无法得到别人的信任,因此,我们在自我介绍时要有谦虚求实的精神,谦虚能体现自己的良好修养和对对方的尊重,实事求是能向对方展示真实的自我,从而赢得对方的信任。

(2)自我介绍的语言清晰、准确、有礼,可配合名片。

自我介绍经常是口头介绍,因此口齿要清楚,语言要明晰准确,切忌含糊不清,模棱两可。姓名中容易弄错的字、不好写的字、生僻的字,都应该加以必要的说明。

如"张"和"章"同音,介绍时就应该说明是"弯弓张"还是"立早章"。又如"翀"字不常用,就应该作出解释:"不是冲锋的'冲',而是羽毛的'羽'字右边加一个中国的'中'字。"这样的话,就能让人理解和正确地记忆,而不会留下疑团。

(3)自我介绍要注意简繁得当。

自我介绍的内容有三大要素:本人姓名的全称;本人供职的单位;本人的职务。由于人际之间交往的目的不同,交谈的要求不一样,所以自我介绍的繁简程度也要有所区别,应当因人因事制宜。在有些情况下(如联系日常工作),对方不一定有多大的兴趣来深入了解我们,因此,我们只需要简明扼要地介绍自己的姓名、身份和前来的目的,令对方便于称呼、知晓来意即可。

而在另外一些情况下,如果双方都想互相认识、了解,则可以突破"三要素"的局限,主动、较全面的自我介绍,恰当地自我剖析,有选择性地介绍自己的籍贯、学历、经历、性格、思想、特长、能力、兴趣以及与某人的关系等,使对方对自己有一个全面、概括的认识,并给对方以踏实可信、坦诚真实的感觉,为进一步的交流打好基础。

【案例3】 第一次参加某方面的研讨会,你站起来说:"我叫××,我来发个言。"此时在场的人一定会这么想:这是什么人?怎么从来没见过?他代表哪方面?他的意见值得听吗?所以,面对有这么多想法的听众,你只介绍"我叫××"是不够的,别人不会安心听你的发言。如果你理解了听众的心理,就可以这样介绍:"我叫××,是××公司的经理,我是第一次参加这样的研讨会,望大家多多指教。现在我就这个问题谈谈自己的看法……"这样的介绍,才能提供足够的信息,让听众了解你,安心听你发言。

【案例4】 《西厢记》里,这张生和崔莺莺一见钟情,他想通过红娘去传递一些信息,他见到红娘是怎么说的呢?"小生姓张名珙,字君瑞,本贯西洛人也,年方23岁,并不曾婚娶。"红娘说:"什么,谁问你那么多了。"

《三国演义》中,刘备见到了诸葛亮看门的小孩子怎么说的呢?"汉左将军宜城亭侯领豫州牧皇叔刘备特来拜见先生。"把他所有头衔都说出来,那小孩怎么说呢?"我记不住那么多。"

(4) 有效地利用共有的资源。

如共同认识的朋友、共同参与的事件、协会、比赛(如果对方在比赛中失利,最好不提),共同的兴趣爱好。

(5) 采用活泼多样的自我介绍方式。

可根据不同的场合,采用灵活多样的自我介绍方式,如幽默风趣的语言等。

【案例5】 牛啥呀,当个小官儿就不知道咋地啦,告诉你,今儿个碰到我了,我让你上你就上,让你下你就下,信不?瞪啥眼珠子呀,说个笑话也生气呀,你不知道我是开电梯的呀?

【案例6】 有个语文老师叫麻明熙,新到一个高中班上课,他这样开头:"在介绍我的姓名前,要先介绍我的'上司'。'上司'不是别人,就是管我的那位——我的爱人。(众笑)她在上大学时和同学起了个什么诗社。一次她在吟诗咏句中,刻薄地取笑了诗友,大家不饶她,非罚不可。一位诗姐说:将来必罚'嫁麻面多须郎'。后来工作中遇到了我。大家看,我腮帮上多须,虽不麻面,但姓麻。'明'与'面'谐音,'熙'与'须'谐音,缘分所定,不正是嫁我麻明熙么!"

一席风趣的话,说的大家哄堂大笑,老师也笑了。这笑声驱散了彼此陌生的紧张心理,创造了轻松活泼的课堂气氛。这正是麻老师要达到的开讲语的目的。

3. 说好寒暄语

寒暄是人们交际的媒触和契机,是人们初次见面时的应酬话。寒暄语是人们交谈的开始,它是人们为了正式的交谈所进行的一种感情铺垫。好的寒暄可以为下面的交谈创造一个好的氛围,它是交谈双方为了沟通感情所必不可少的桥梁。

寒暄语常常由称呼和应酬话两部分组成,如"张经理,您好,让您久等了。"拜访使用的寒暄语,有以下三种方式。

(1) 问候式。这种寒暄多由问候语组成。它可以由客人和主人根据不同的对象、不同的场合、不同的时间进行不同的问候。如过春节,就问:"过年好!"夏天就问:"热不热?"拜访教师就问:"课多吗?"等等。在大多数场合,一句"你(您)好",是最简单而实用的问候式寒暄,相形之下,这要比传统的"吃了吗?"或"今天天气……"之类更富于现代气息。如果觉得一句"你(您)好"过于一般化,就可以从对方的年龄、职业、家庭等角度出发,把问候式寒暄讲的得具体一些。

(2) 夸赞式。抓住对方即时即地的"闪光点"盛赞对方。心理学家曾下过这样的断言：能够使人们在平和的精神状态中度过幸福的人生的最简单法则，就是给人以赞美。那么在寒暄中，我们不妨来点夸赞式。如 "这房间布置得很漂亮……"。夸赞式的寒暄极易创造一种愉快和谐的气氛。

如："小钟，在哪儿买的连衣裙？真漂亮！"（对女性）

"哟，换新发型了，果然精神多了！"（对女性）

"瞧你，真是越活越年轻了！"（对中老年人）

"这两天气色真好！"（对初愈的病人）

"几个月不见，看你更苗条了！"（对年轻妇女）

"小伙子长得真精神！"（对朋友或同事的孩子）

(3) 言他式。言他式指在交谈进入正题之前，先谈其他事物的寒暄方式对周围环境中不同寻常的地方，发表自己的感受和看法。比如谈谈天气情况，说说趣闻、新闻，等等。这种寒暄方式应成为引入交谈正题的润滑剂。

如："外面太阳真毒！"（在夏季）

"下了雪马路真滑！"（在冬季）

"这些楼真高！"（在城市）

"又到麦收时节了。"（在农村）

4．聊天的技巧

(1) 找出对方感兴趣的话题。

聊天中，忌讳只谈"我"，但如果谈的是"我"的开心愉快的事还好，因为开心可以感染别人，最忌讳主动谈"我"的烦恼，发牢骚，因为这些令人扫兴的话题会引起别人的不快。如丘吉尔就认为孩子是不宜老挂在嘴边的话题。

(2) 以提问的方式引导别人进入交谈。

在聊天中，只要问一些需要回答的话，谈话就能持续下去。

但是如果你只问："天气挺好的，是吧？"对方用一句话就可以回答了："是啊，天气真不错！"这样，谈话也就进行不下去了。

如果你想让你的谈话对象开口畅谈，不妨用下列问句来引导："为什么会……？""你认为怎样不能……？""按你的想法，应该是……？""你如何解释……？""你能不能举个例子？"总之，"如何"、"什么"、"为什么"是提问的三件法宝。

(3) 留心倾听。

谈话是沟通最直接的方式，但谈话的另外一面是倾听。没有倾听就没真正的交谈，也就达不到真正沟通的目的。

尽量少插嘴，"打断别人说话是最无礼的行为。"不要用不相关的话题打断别人说话；不要用无意义的评论扰乱别人的谈话；不要抢着替别人说话；不要急于帮助别人读完故事；不要为争论鸡毛蒜皮的小事打断正题。总之，别轻易插嘴，除非那人讲话的时间拖得太长他的话不再吸引人，甚至令人昏昏欲睡，已经引起大家的厌恶。这时，你打断他倒是做了一件仁慈的好事。

（4）不要谈忌讳的话题。

一般不要询问女士的年龄、主人的经济收入，或者对某个问题穷追不舍，等等。

（5）即兴说些幽默话语。

幽默的谈吐可以活跃气氛，使拜访充溢着欢快轻松的情调。

【案例7】 女主人同客人正在会客厅交谈，女儿放学回家了，见到客人很乖地叫："叔叔"，客人随口称赞说："现在你可以享清福了，女儿都这么大了。"而女主人却抱怨说："我女儿可体贴我呢！我有成堆的衣服洗不完，她没有一天不跑出去玩。我真有福气。"客人忙说："是啊，这是孩子心好，不愿在家看见妈妈受累。"听到这么新鲜的解释，女主人笑了。

类似这样幽默的谈吐不仅能吸引听者的注意力，而且还能与听者建立亲密的关系，在笑声中增进思想交流。

【案例8】 有一位男子到朋友家拜访，这家有一个两个多月的胖儿子。这位先生很热情地对孩子的父母赞美说："好健康的小家伙，真可爱，将来肯定有出息，恭喜你们了。"可是主人并未露出高兴的表情，反而显得很失望，朋友告诉他："其实，我一直想要个女儿的。"听了这话，客人知道自己的称赞没说到朋友的心坎上。不过他马上又对主人说："没关系，等小孩子长大了，娶个漂亮孝顺的媳妇，你们不就等于有了一位可爱的女儿吗？"

交谈中一旦话不投机，不仅要善于说些幽默话活跃场上气氛，还要善于灵活地转换话题。

（6）记住别人的姓名。

美国交际学家卡耐基说："一个人的姓名是他自己最熟悉、最甜美、最妙不可言的声音。在交际中，最明显、最简单、最重要、最能得到好感的方法，就是记住人家的名字。"记住并准确地呼叫对方的姓名，会使人感到亲切，拉近陌生人之间的距离。

5．重视告别语的运用。

"再会"之类的告别语千篇一律，太俗太空，要努力设计能给对方留下深刻印象的告别语。如"祝您成功，恭候佳音！"——良好的祝愿会使对方受到鼓舞；"今天有幸结识您，愿从此常来常往！""今晚过得很开心！"——热情洋溢的语言会使对方受到感染。

（二）接待的技巧

1．接待的一般技巧

（1）热情迎客，亲切问候。

古人云："有朋自远方来，不亦乐乎？"迎客是一件愉快的事，你应以良好的口才使其更加愉快。对来访的客人，先要说好见面语。见熟悉的客人应先说："欢迎，请进！""稀客，稀客，哪阵风把您给吹来了？""您真准时。""久违、久违。"对初次登门的客人，主人应到寓所的大院门口或楼下迎接，见面时可以说："久仰、久仰！""百闻不如一见。"对待未及亲迎的客人，可以说："失迎、失迎"或"有失远迎"等以示歉意。之后，要主动伸出手来同客人握手（如果是女性，应让对方先伸手）。进门后，要向同屋的其他人介绍客人，然后让客人坐下，客人未坐，主人不要先坐，以示对客人的尊敬。对于预约来客，应在确定的时间之前，做好准备。客厅要适当收拾，不能乱七八糟。客人脱下衣帽，要主动为他们挂好。必要时，向家人介绍客人。家人最好向客人点头致意，不必要打招呼的就应回避。若客人是长辈或是上级，那么奉茶时应一手扶杯，一手托底。若客人是平辈或后辈可随便些。

如果来的是陌生的客人，可以用提示性的语言"请问您是……"表示询问，让客人自我介绍，然后表示欢迎。请客人坐定后，不要急于询问客人来访的目的，而应等客人主动开口。客人陈述时要耐心听，对客人提出的问题要认真回答。对找错门的客人应热情给予指点。

对于不速之客，也不能粗鲁地说："去去去，这会儿不会客"；或双手交臂于胸前，头上昂，"欢迎！欢迎！"这样子会被人认为没有礼貌。一般来说，不速之客大都有不得已的理由，他们或许向你借点东西，或许需要你的指教，或许来不及或不方便预先通知你。所以应体谅对方，热情相待。如果自己衣冠不整，那么道歉后整衣再出。问清来访者的目的，如果是找你自己的，那么就和预约访客一样对待；如果是找暂时不在的家人，那么你可问清对方的身份、姓名、电话等，以作转告；如果他是向你家借点什么东西，你要审慎处理。不是什么重要的事情又能自己做主的，当场答应也行；非得家人点头算数的，你可说明并致歉，等家人回来后再作决定。

（2）礼貌待客，知人善谈。

寒暄后，就进入正题。要注意倾听客人的讲述，不打断对方的讲话，对重要的地方，可以附和或询问。运用得体的体态语来加强交谈的氛围。

① 语速、语量要根据来访者的年龄和个人表情达意的需要而定。

如，对老年人用较慢的语速、较大的语量与他交谈，能使对方产生被人尊敬的喜悦感；对几岁的儿童交谈，则宜轻言慢语、语调柔和，能使小客人产生安全感、信任感；与同龄人交谈，讲究语速快慢适应，语量高低变化，富有节奏感，使客人不疲劳、不紧张。

② 遣词用句以来访者的文化水平、理解程度而异。

【案例9】 一位人口普查员问一位乡村老太太，"有配偶吗？"老人愣了半天，然后反问："什么配偶？"普查人员只得换一种说法："就是老伴呗。"老太太这才懂得配偶的含义。

这件小事启示我们，说话要因人而异。对文化水平高的、理解力强的人不要讲肤浅的话，否则，他不爱听；对文化水平低的、理解力差的人，不要讲理论高深的话，应多举他们能了解的实例来讲。

③ 说话语气以来访者的不同目的而变化。

前来拜访的客人，往往带着各自不同的目的，主人要善于采用不同的语气与他们交谈。对于前来求助的客人，主人应体谅对方的心情，站在客人立场说话，语气要平和。即使你认为无能为力也要给客人留一线希望，你可以对他说："你先别着急，一旦有了门路我就打电话告诉你。"和前来研究问题、商量工作的客人交谈，则宜采用征询、商量的语气。如"你看这样行不行？""你对这个问题的看法是……"。对于前来提供某种信息的客人，主人则应采用感叹语气，表达自己的感激之情，如"非常感谢！你提供的信息太有价值了！""你可真帮了大忙！谢谢！""真辛苦你了！"等等。

④ 交谈双方的距离以人际关系和性别而定。

人都需要一个私人空间，不喜欢别人入侵这个空间。社交场合人与人身体之间所保持的距离间隔，叫区域距离。不同的距离包含不同的含义。如：15～46厘米之间为密切区域，语义为"热烈、亲密"，近亲和密友可以在这个区域交谈；16～120厘米之间为个人区域，语义为"亲切、友好"，一般来客适于在这个区域交谈；至于生疏的不速之客，则宜相距120～210厘米交谈，这个距离叫生疏区域，语义为"严肃、庄重"。当然即使是比较熟悉的异性客人，也还是应该保持一定的距离的，同性客人也不要勾肩搭背。

除以上四点外，交谈过程中，要不时邀请吃果点，加茶水。谈完后，可视双方的关系，邀请他参观自己的书房或花园，或根据准备情况，留请吃饭。

如果是多批客人来访，那么可前客、后客一起接待，或分先后或分处接待。尽量一视同仁，不厚此薄彼，不冷落任何一位客人。在征得前客的同意的前提下，也可先与后客交谈。那么此时则由家人招待一下前客。

（3）接收赠品，多加赞赏。

如果客人是带礼品来的，那么要弄清楚，不要把客人自己的东西也当成礼品。不要当着客人的面打开礼盒并进行评价。当客人向主人馈赠时，主人应双手相接。同时说一些"不好意思，让您破费了"、"非常感谢"之类的客气话。但是在西方国家，朋友送礼时，你就应该当面打开表示欣赏和致谢，如"您的这件礼物正是我（或家里其他人）喜欢的。"根据不同来访对象，自己也尽可能地回赠一些礼物。

（4）礼貌送客，致以祝愿。

客人如要离去，先要诚恳地挽留；如客人执意要走，则不必强留。主人应等客人站起才站起，并且主动为客人取下衣帽，请他穿上。若是老年客人，应送至楼下或庭院外；若是同辈，可送至电梯口或楼道口；若客人是晚辈，主人可站在门口相送。送客的同时应说些热情的告别语，如"您走好"、"欢迎再来"、"经常来玩"、"请代问令尊令堂大人好"等。

送别客人时，主人不要急于回转，而要目送客人走出视线外。如果客人回头看时，主人应对其点头或微笑致意，招手"再见"。主人回屋时，关门的声音不可太重，否则客人听到也许会产生误会。

2. 电话接待的技巧

当今的世界是一个快节奏、高效率的时代。电话已成为现代社会主要通信工具之一。电话具有传递迅速、使用方便、失真度小和效率高的优点，因此人们对许多事务的处理是借助电话来完成的。所以电话通信又是一种重要的社会交往方式。但是，如果缺乏使用电话的常识与素养，不懂得打电话接电话的礼仪，那么电话所传递的信息就可能产生障碍。

【案例10】 甲："喂，李金仿在家吗？"乙："他不在。"甲："怎么会不在？"（心急火燎）乙："我怎么知道！"（火了）甲："那、那、那请你留个条。"（语塞）乙："对不起，过一会儿再打吧。"

由于甲心情急躁，语言不当，引起乙的心里不愉快。所以事情没有办成。电话沟通时，彼此不见面，可以免除拘束，开怀畅谈。但又正因为"不识庐山真面目"，言者无心，听者有意，所以谈话更要小心、谨慎、随机应变。

电话通信，从整体上考虑应注意以下几个方面。

（1）时间选择。

时间选择，包括选择打电话的时间和电话交谈所持续的时间长短。除了紧急要事之外，一般不在早上 7：00 以前或三餐饭时或晚上 10：30 以后打电话，同时还应注意到各个国家和地区的时差。最好是细心地积累、分析对方通常接电话的时间段并记住它。

电话交谈所持续的时间，以 3～5 分钟为宜。如果不是预约电话，时间须 5 分钟以上的，那么就应首先说出自己要办的事或大意，并征询对方是否方便；若对方此时不方便，就请对方另约时间或再定方式。

（2）起承转合语言的选择。

语言是电话交谈的唯一信息载体，所以电话通信礼仪主要是指语言交往礼仪，应该特别注意。起承转合语言的选择则是打电话人和接电话人双方的选择。

如果打电话拨错了号，则应道歉后才搁电话筒；受扰者应体谅地说"没关系"或"不要紧"。即使号码是正确的，也要等电话铃响十来次后还没人接时再搁电话筒。

如果是打给对方的总机，需要转分机的，总机接线员就应说："您好，浙江大学（或单位名）"，或加上"请问要哪里？"接线员报完，你礼貌地说："请转 4161（或部门名称）。"这时有可能占线，碰上这种情况，接线员应说："对不起，占线，请稍等（或请过会再打来）。"如果接通分机，那么打电话的人说："请问莫耘在吗？"这时候，有三种情形，一是刚好莫耘接电话；二是莫耘在，但不是她接电话；三是她不在办公室里。第一种情形，莫说："我就是，请问您是哪位？"第二种情形，接话人说："她在旁边，请稍候。"第三种情形，接话人则说："对不起，莫小姐刚好出去。您需要留话吗？"打电话人需要留话，应清晰地报出姓名、单位、回电号码。

如果是直接打到对方办公室或家里，那么接电话的人可以说："您好！我是叶起（姓名）。请问找哪位？"打电话的人就说："我是王艳呀！"——接电话人正好是比较熟悉又是要联络的人；或"我是浙江大学公关中心的王艳，想请问您一件事情。"——接电话人正是不熟悉的人；"我是浙江大学公关中心的王艳，我可以和叶起通电话吗？"——接电话者不是要找的人。

假如是秘书接电话，对方要找的是你的经理，刚好经理又不在，最好说："对不起，郭先生不在。请问您是哪一位？需要我留话吗？"而不要先问对方是谁，然后再告诉他经理不在，以免给人造成实际上是在的，而不愿接他的电话的误会。

一般而言，是由打电话一方提出结束谈话，致告别语。如果打电话的是长辈、上级、外宾或女性，要听到对方放下话筒后才挂电话。但是，有时候来电话的人啰里啰嗦，你不愿再花费时间和他无聊地谈下去，你可以礼貌地说："我不想占你太多的时间，以后再谈，行吗？"

现在许多人都在电话上安装录音装置。外出时将装置打开，就可以把打来的电话留言录下来。在录制自己的话音时，要注意措词的语调，如"这是王菁的家，她不能来听电话。请您听到信号后留语，并请说清你的姓名和电话号码。她将会尽快给您去电话。"你听到留言信号后，有什么话要说，照讲即可。

（3）语气语调的选择。

电话交谈虽然看不见对方表情和姿态，但有时却比实际会面更能从对方的言语中，揣测出对方的状态来。语气语调是最能体现细致微妙的情感。一位军队话务兵深有体会地说："语调过高，语起过重，会使用户感到尖刻、严厉、生硬、冷淡、刚而不柔；语起太轻，语调太低，会使用户感到无精打采，有气无力；语调过长又显得懒散拖拉；语调过短又显得不负责任。一般说来，语起适中，语调稍高些，尾音稍拖一点才会使用户感到亲切自然。"有一些话务用语，以起祈句、疑问句代替陈述句，语气效果也会好得多。每一个组织都应根据自身性质和形象特征来确定合适的话务用语。

（4）情绪控制。

电话交谈，始终心存尊重、诚恳之意。"己所不欲，勿施于人。"即使在自己心情不佳但需要打电话尽快地处理事务时，也不要让急躁、烦恼的情绪影响了语言以使对方感到不舒服。

除了以上几个方面，电话通信还有起它一些礼仪内容。

打电话最好把重要事情预先整理做成记录，或在心底默念一遍。尽可能亲自拨号，若不得已，可让秘书替你拨电话，但你不要离得太远，否则在电话拨通后让对方拿着电话筒等你过去讲话，这样会使人觉得你在摆架子。

接电话的人一般应等听到完整的一次铃响后拿起话筒，不要让铃响多次，才慢腾腾地接电话。在电话旁准备一本来话记录簿和笔是恰当的，这样可以节约时间。交谈双方要口齿清晰，使对方听得清楚。说话简洁明了，尽量避免"这个"、"那个"等指代用语和需体态语辅助说明的语言符号。交谈时嘴里不含、不吃东西，不与身旁人谈话。如果碰上急事需要与身边人说一两句，则应道歉后手捂话筒或按下电话上的锁音键。凡是谈到数字、人名、地名或关键的句子，最好重复一遍。如听不清楚或不明白对方所说的话，则可以请对方再说一次。如果能从对方的语气语调中推测到对方接电话的处境，感到有些问题不宜谈时，那么应体谅地转移话题或再约时间，这样，你的善解人意和体谅应会给对方留下很深的印象。

最后就是公用电话的使用了。一般应本着互谅互让的原则，设身处地为别人着想，尽可能缩短通话时间。

3．介绍别人

介绍他人，是指在社交场合中把某人介绍、引荐给其他人相识的过程。介绍者的介绍如同一条纽带，连接着互不相识的两方，这根"纽带"是否柔韧有力决定着被介绍双方能否顺利、成功地开展交流。善于介绍他人，一方面是展示自己在社交场合中左右逢源的表现力；另一方面体现着自己为人处世的能力和素养，能够提高自己在朋友和同事中的威信和影响力。在介绍别人的过程中,我们要做到正确无误、大方得体,这就要求我们注意介绍人的身份,介绍的顺序、礼仪,把握介绍的内容和表达方式。

(1) 介绍人身份。

介绍人,在不同的场合是由不同的人员来担任的。

① 在公务活动中,公关、礼仪人员是最适当的介绍人人选。这些人员应该有良好的文化素养、性格气质,并且熟悉本单位的基本情况,受过一定的礼仪训练,同时对对方有比较全面的了解。

② 在接待贵宾时,介绍人应该是本单位职位最高的人士。例如,当一位外国总统前往一所大学参观访问时,将该校师生介绍给总统的介绍人,非该校校长莫属。

③ 在比较正式的社交场合,例如参加舞会、出席宴会时,介绍不相识的来宾互相认识是主人义不容辞的责任。

④ 在一些非正式的场合,与被介绍人双方都相识的人也可以担任介绍人,介绍自己的朋友们相互认识。

⑤ 此外,如果我们想认识某个人,主动要求另外一个与双方都比较熟悉的人来引见,根据礼仪来说是允许的。

⑥ 介绍人在为彼此不认识的人作介绍之前,应充分考虑双方有无相识的必要或愿望,切忌好心办"坏事"。在社交场合,介绍人在"挺身而出"为他人作介绍之前,最好先征询一下双方的意见,以免由于一方的不愿意而造成冷场或尴尬的局面。

(2) 介绍的顺序。

为他人作介绍的先后顺序,即先把谁介绍给谁的问题,其中颇有些规矩和讲究的,牵涉到长幼尊卑的礼节,因此只有照此行事,才是正确的选择。一般采说,介绍别人的顺序有以下 6 种。

① 把男士介绍给女士。这是"女士优先"精神的具体体现,反映了对女性的尊重。唯有女士面对尊贵人物之际,才允许破例。

② 把晚辈介绍给长辈。即事先考虑被介绍人双方的年龄差异,以长者为尊。

③ 把职位低者介绍给职位高者。它适用于比较正式的场合,特别适用于职业相同的人士之间。

④ 把未婚者介绍给已婚者。它仅仅适用于介绍人对被介绍双方非常了解的前提下。如果拿不准的话,可以从其他角度出发进行选择。

⑤ 把客人介绍给主人,它适用于来宾众多的场合,尤其是主人未必与客人个个相识的时候。若要把客人介绍给父母,则应该先介绍给母亲。如果在客人之间进行介绍,一般是把晚到的客人介绍给早到的客人。

⑥ 把个人介绍给团体,常常是在众人之前介绍一个人。如果有的时候需要把在场的人一一介绍给一个人时,则应该按照一定的次序,如顺时针方向或逆时针方向,自右至左或自左至右,依次进行,不应该挑三拣四地"跳跃式"进行,否则会伤害被"跳"过去的那

些人的感情。

（3）介绍的礼仪。

① 介绍的礼仪指的是介绍别人时的表情、手势。当我们介绍一方时，目光应该热情注视对方，目光移向别处或者游离不定是对被介绍人的不尊敬，同时，应该注意微笑着用自己的视线把另一方的注意力引导过来。

② 手的正确姿势应该是手指并拢、掌心向上，胳膊略向外伸，手指指向被介绍者。此时切忌用手指对被介绍者指指点点，或者舞动手臂上下晃动不已，也不能用手拍被介绍人的肩、胳膊和背等部位。

（4）介绍的内容。

① 在给他人作介绍时，首先要实事求是、简明扼要地介绍双方各自的情况，如姓名全称、职位、与自己的关系以及认识对方的目的等，令双方知道如何称呼彼此、明白双方交流的意义。同时，在介绍对方时切忌厚此薄彼，不可以对一方介绍得面面俱到，而对另一方只用寥寥数语。也不可以对一方冠以"这是我的好朋友"，而不给另一方以"同等待遇"。在说明自己与一方的关系时，不要一忘了提及其名字，如"这是我的邻居"的说法就缺乏必要的姓名提示。

② 其次，在介绍他人时要附加必要的说明以提示话题，在介绍完双方的基本情况后，介绍者不应该急于离开，应给双方进一步交谈沟通创造条件，把个人的特点选择一些介绍出来给双方作参考。

（5）介绍的形式。

① 介绍的形式包括介绍的语言及其表达方式。介绍与自我介绍一样，语音应该清晰准确，不要让人听不清或听错，语言要得体、庄重、文雅、合乎礼节和场合。

② 在语言表达方式方面，我们可以多作文章，以此来营造轻松、愉快的氛围。一方面，根据被介绍的典型特征，灵活运用多种句式，可以活跃气氛，特别是当被介绍人较多的时候，千篇一律的"这是×××"的句式就会显得十分单调无聊，简简单单的一个名字也不能引起另一方的关注。相反，既有重点又灵活多变的表达方式创造的效果则好得多，如："你读过小说《×××》吧，这位就是作者×××"；"去年的高校田径运动会上，有一位身材小巧的女孩获得了女子跳远的第一名，为我们学校赢得了荣誉，这位女孩此时正坐在我们中间，她就是×××"；"××是我们单位个头最高的，足有1米90呢！"……这些言简意赅的介绍能够很快地给另一方勾勒出被介绍者生动独特的形象，令对方过"耳"不忘。

在另一方面，由于每个人的姓名差不多是父母煞费苦心想出来的，我们可以从被介绍者的姓名中挖掘出有意思的内涵，则既能消除双方的紧张、矜持的心理，又能让对方牢记被介绍人的姓名。例如："她叫艾思，这位姑娘确实人如其名，平时爱读书、爱思考，写出来的文章很有灵气！"；"这位小伙子姓高名士品，他跟高士其先生可没有任何亲戚关系哦！"……根据姓名的谐音或字面意思推导出来的引申意义，只要言之成理、语言恰当，都能令对方会心而笑。

四、拜访与接待注意点

（一）拜访的注意点

（1）应当入乡随俗。要尊重主人家的风俗、习惯，比如，到回族亲友家里，就不应带猪油等食品；有的人家进屋要换上拖鞋等。

（2）作客进门前，应该先按门铃或敲门，经主人允许，方可入门，切不可推门直入。进门后，对主人家中的人都应招呼并问候，对老人尤应主动，有小孩在场，应主动与孩子亲热。

（3）作客时，未经主人邀请，不要提出参观主人的庭院和房间。有的人家不喜欢别人借阅书籍，如你不是特别熟悉的亲友，不要随便开口借书。

（4）在作客过程中，要注意彬彬有礼，谈吐大方。对主人家的事，不要主动打听。谈话时间可根据情况而定，有话则长，无话则短，如果谈得热烈合拍，不妨多谈一会儿；如果主人反应冷漠，心不在焉，或者偷偷看表，则应知趣地及时告辞。

（二）接待的注意点

（1）为了表示对客人的敬意，主人要特别注重自己的仪表，不能穿着睡衣、裤衩等，给人邋遢的感觉，令客人尴尬。女主人更应穿着得体。

（2）与客人谈话，主人态度要诚恳热情，不要频频看表，不要显出厌倦或不耐烦的样子。万一主人有急事要办，应向客人说明并致歉。

（3）当客人馈赠礼物时，如果客人送了你单位或家里已经有了的东西，千万不要当着客人的面说："哎呀！这种东西我们已经很多了，用不了啦"之类的话，因为这是绝对失礼的。对别人送的礼物，千万不要问对方花了多少钱。假如对方主动告诉你，你绝对不应该说"很便宜"之类的话，而应以"让您破费了"等话语作答。

（4）与客人交谈，当客人向你提出很多问题时，应该及时地作出回应，绝对不能不理不睬，以免给人一种傲慢无礼的感觉。

五、演练题

（一）拜访的练习

【演练1】

利用星期天去拜访你的一位久未联系的年长的朋友或老师。除了礼节性的目的外，最好想好一个副目的。拜访归来，请对拜访情况作反思评价。

【演练2】

你去拜访一位名人。进屋之后发现主人家喂了一条小猫。请以此为话题，设计一场2分钟左右的谈话。

【演练3】

小A上门推销，看到了怀抱婴儿的客户，这时她怎么称呼客户，最能赢得客户的信任和好感?

【演练4】
刚工作不久的曾晨去同事家请教工作经验,却发现同事对他的到来不太欢迎,给他倒杯茶后只顾自己看起电视来。曾晨该如何打破这样的冷场呢?

【演练5】
周翔快毕业了,爸爸想把他安排到朋友的工厂去上班。星期天,爸爸带周翔去登门拜访。看着眼前的李叔叔,或者说是李厂长,周翔怎样让自己的言谈给未来的领导留下一个良好的印象呢?

(二)介绍的练习

【演练6】
如果你被邀请参加一次轻松的联谊活动,你将如何自我介绍?

【演练7】
假如你作为一场古代文学讲座的主持人,讲座的主讲是福州城市大学的教授、人文学院院长李××,研究方向:古代文学,讲座现场还有本院院长蔡××、党委书记陈××、中文系主任陈××。请你设计一段介绍词。

【演练8】
当同学到你家拜访,你如何介绍同学与父母认识?当你和妻子在一起,遇到同事,你如何介绍同事与妻子认识?请三个同学为一组,上台表演。

【演练9】
当你是一个聚会的主人,你如何介绍两个互不相识的客人认识,使他们能在你离开时能继续沟通下去。

(三)接待的练习

【演练10】
许多刚跨入大学校门的同学,总觉得难以与来访的同学或老师进行交流,更不知如何接待。假如你就是那个新生,你所在学院的院长等几位领导要到你寝室来慰问。请你设计一段得体的欢迎词和问候语。

【演练11】
你已经是一名大学生了。新学年伊始,又有不少的师弟、师妹进校。这天,几位同乡来拜访你,作为他们的师兄(师姐),你将怎样回答他们如何适应大学生活的问题,并让他们感受到"他乡遇故知"般的温馨呢?

【演练12】
一天晚上,林笑一家人正在吃晚餐,一位经朋友介绍的人寿保险业务员敲开了他家的大门。原来她是来动员林笑为三岁的儿子投保一份教育保险,而林笑却不打算参保。林笑如何才能既有礼有节地接待该业务员又回绝业务员的要求。请你为林笑设想一段回绝的理由,并做到礼貌送客。

【演练 13】

假如你是一家服装公司的接待处主任,总经理让你负责接待由某学院服装设计师带队的一批服装设计专业的学生到公司参观学习。他们想学习本公司的管理理念和先进的管理模式,你将怎样安排整个接待过程。

【演练 14】

刚参加工作不久的你,由于工作认真努力,获得一项市级大奖,当地几家报社的记者预约到你家来采访,准备为你写一篇人物专访,你将如何接待这些记者,并向他们介绍自己的事迹。

六、补充案例(教师可设计问题,供学生学习分析)

(一)自我介绍案例

【案例 1】

有一位老师在给新生上第一堂课的时候说:"我叫张来富,我父亲大概希望我给家里带来财富才给我取了这样一个名字。但是很遗憾,我这个穷教书匠到现在还是两袖空空。不过,从另一方面来说,我又是很富有的,从事教育工作 30 多年,我的学生遍布五湖四海,有的当了市长,有的做了经理,还有很多是科研人员、技术工作者,他们为国家创造了大量的财富。我对此感到很欣慰、很自豪。希望大家努力学习,也能像你们的师兄师姐们一样,为家乡、为祖国创造更多的财富!这样我也算没有辜负父母亲的期望了,虽然我没给他们带来财富!"

【案例 2】

你别看我挣得不多,模样也一般,就我这小样儿还挺撩人呢,很多人刚一见我面,就被我的形象和气质迷倒了!你说我吹呀,这事我吹啥,不信你打听打听,作为麻醉师,在我们医院手术室,我亲自迷倒了多少人!

【案例 3】

你问我是干啥的呀,别急,听听就知道了。我常常以某个人犯错误为由把另一个毫不知情的人调过来教训一番。说起我教训过的人那可真不少,大到厂长经理,小到科长处员,要是赶巧了,训个大牌明星也是常有的事。你说我吹牛啊,跟你说吧,只要我认为必要,一个电话,不论他们身在何处,哪怕只有万分之一的可能,他们都会匆匆赶来受训!你说啥?我在公检法工作?没那么严肃,猜不着了吧,算了,我也该上课去了,作为班主任,学生犯了错误,把家长找到学校来,说几句还不行啊!

(二)拜访交谈的案例

【案例 4】

大学生小 A 勤工俭学,找到了一份推销工作。这天,她对一位客户进行电话预约。客户说:"我很忙,恐怕没时间接待你。"见到这位客户时,小 A 明白了这是为什么。因为客户手上抱着一个一岁大的婴儿。小A马上就绽开了笑容:"哇,好可爱的宝宝啊,让我来抱抱,好吗?""你会抱吗?""会呀,我姐姐的孩子也才一岁多,平时我经常抱她的。哎哟,真漂亮,又白又胖。"接下来,小A就和客户聊起了孩子的话题,吃什么奶粉,睡得怎么样,尿布用的是什么牌子,原本说自己没多少时间接待的客户也打开了话匣子。两人越聊越有兴致,一直谈到客户怀孕时吃的是什么补品和产后恢复的状况。最后小A很自然地提到:"有个孩子是件很高兴的事,不过也很累人吧。我看我姐姐洗小孩衣服就洗得够呛。我们公司有些新推出的洗涤用品,去污效果不错,而且是无磷配方,不伤皮肤,洗宝宝的衣服又安全又快捷。我姐姐用了觉得挺好,你要来些试试吗?"客户稍加考虑,就很愉快地付了款。

【案例5】

李梅参加暑期大学生社会实践。今天,她要去采访一位企业家。电话预约后,来到那家公司,秘书小姐请她在办公室里先坐一会儿,因为张总临时有个紧急会议。过了半个多小时,门推开了,门口出现了张总略带疲惫的脸。李梅马上站起身来,微笑着说:"你好,张总。真是非常感谢你能在百忙之中接受我的拜访。""不用客气,请坐。"坐定之后。李梅又诚恳她说:"说实在的,我刚才心里还有点忐忑。见到张总这么忙,真有点担心你无暇顾及我的这件小事,而且您工作这么辛苦,我占用了您宝贵的时间,实在是不好意思。""哪里的话,约好的事情,我一定会做到的。"

"是呀,从张总的身上我能看到贵公司重实守信的形象。"听到李梅这句真挚的赞扬,张总爽朗地笑起来,刚刚的疲惫一扫而空。接下来,双方的交谈显得既轻松又愉快,一个小时很快就过去了。临别时,李梅又向张总致谢:"今天采访进行得这么顺利,我要谢谢张总的配合。而且张总平易近人的言谈,努力开拓、求实创业的精神给我留下了深刻的印象,更让我感受到了你们企业蓬勃向上的活力和风采。回去我一定把这篇报道好好地写出来,让更多的人以您为榜样,从你们成功的事迹中得到激励。如果我毕业后能有机会来贵公司工作,成为贵公司的一员,那将是我莫大的荣幸。"

【案例6】

鲁明前往一家公司应聘,却被告知来晚了,这个岗位已经有人选了。尽管满怀希望被泼了一瓢冷水,鲁明还是微笑地站起身来,礼貌地同经理握手道别:"打扰了。我非常遗憾自己看到这个消息的时间太晚了,但我衷心地希望这只是属于我个人的遗憾。"走出办公室的鲁明突然听到身后传来经理的声音:"小伙子,等一下。"鲁明得到了一次面试的机会,最后,他成了这家公司的一员。

(三)接待交谈的案例

【案例7】

暑假里,一个天气炎热的午后,李明接到来他家乡做社会调查的大学班主任张老师的一个电话,说是下午要到他家稍作休息。李明赶紧把家里收拾一番,等待张老师的光临。半个小时后,李明远远看见张老师向自己家方向走来,他马上下楼站在小区门口欢迎张老师。当张老师来到跟前时,他满脸笑容地说:"张老师,这么热的天气,您一路辛苦了。您这次来，真是给我一个意外的惊喜。"说着接过张老师手中沉重的行李包，然后把他迎进家门，接着又端上一盘冰镇西瓜，开始了亲切的交谈……

【案例 8】

李林再过半个月就要结婚了。一天，几个同单位的好友来访，发现李林家宽敞的客厅还缺少一幅漂亮的壁画。第二天，几位好友就带着一份礼物来到李林家。李林正在收拾客厅，见朋友来了，忙停下手中的活儿，说："不好意思，家里乱糟糟的，还没收拾好！"朋友们进了门，把礼物送给李林。李林打开包装盒一看，是他非常喜欢的出自当地名家之手的山水写意画，抑制不住内心的欢欣，连连说："让你们破费了，让你们破费了！这幅画我太喜欢了，我家客厅有了它，真是锦上添花啊！"

【案例 9】

张强的父亲近段时期由于生意不景气，资金很难周转，欠了他的生意伙伴王刚一笔三万元的进货款。这天，王刚气呼呼地跑到张家来要款。张强的父亲实在拿不出那么多钱，又不想破坏彼此的生意关系，只好叫儿子来接待王刚，自己出去躲一躲。面对着恼怒的王刚，张强不慌不忙地倒了杯菊花茶，送上前来："王叔叔，您请坐，先喝杯茶消消暑，这大热天的最容易上火了。"王刚瞪了张强一眼："你爸爸呢？"张强笑着说："我爸爸正在张罗着银行贷款的事儿，过两天就要办成了！"王刚面色有些和缓下来，说："是吗？""我哪会骗你呀？王叔叔最清楚我爸爸这个人了，你们合作了这么多年，我爸哪回骗过你？"看看王刚的脸色，张强又把电风扇转到王刚那边，坐到王刚面前说："这段时间我爸爸买卖一直不错，可就是一些账还没收，所以一时资金周转得有些慢。前几天他说先得还王叔叔那笔款子，去几个客户那儿催款，可他们银根也有点紧。这年头做生底哪个没遇上手头紧的，我爸着急得不得了，说不能让你等急了，这不去银行想办法去了。"王刚的脸色慢慢地缓和下来。张强趁热打铁："做生意最讲究一个'信'字，王叔叔和我爸爸这么多年生意做下来，你们双方互相看中的还不是这点。王叔叔，您放心，虽然银行贷款一时半会儿弄不好，但我爸一贷到款就会把钱转到你账户上。这么热的天，让你跑来跑去，我们可过意不去，你就在家里等我爸爸的好消息吧。"王刚喝了一口菊花茶，说："好，小子，我就信你这一回。"

七、教学法建议

（一）本章建议 6 课时完成

（二）教学法建议

1. 在上本章之前，可以让学生就自己拜访和接待的亲身经历，谈谈成功或失败的感受。

2. 可以让 2~4 个学生组成一个小组，进行拜访和接待的情景模拟练习，其中一定要包含自我介绍、介绍他人、聊天的内容。模拟练习的情景设计可以由教师提供，也可以事先布置学生准备，让学生自己设计。在完成模拟后，再请其他学生进行点评，最后教师进行点评。

第四章 赞美的技巧

本章概述 赞美即用语言表达对人或事物的喜爱。人际交往需要赞美，渴望赞美是每个人内心的一种基本愿望。本章主要探讨赞美的作用、赞美的基本原则、赞美的技巧以及赞美中所要注意的事项。

一、赞美的作用

赞美可以传达感情、激发信心和潜力，它给人以希望和力量。从你的赞美中，被赞美者获取了一种优厚的精神报酬，从你的赞美中，他得到了继续奋进的动力，赞美是承接过去的成绩和未来奋斗的桥梁。而自己也在不知不觉中受到感染，获得教益，更能使他人和自己在这真诚的赞美声中感到愉快和满足。因此，赞美具有使人际关系和谐、协调的永恒魅力。

二、赞美的基本原则

（一）真诚的赞美来源于心胸宽广

赞美对被赞美者来说是一种鼓励，对赞美者来说，则是一种给予。只有那些具有宽广胸怀的人，才会将自己的心灵付出与他人分享。一个人的价值可分为两部分：一是你为社会付出了多少；二是你从社会得到了多少，二者密不可分。因此，一个人只要为社会、为他人工作，就期待着社会对他有一个公正的评价。赞美，首先就是对他人成绩的认可，是一种高度肯定的评价，一种对他人价值的判断。一个心胸狭窄的人，或者对他人的成绩熟视无睹，或者不愿意对他人的成绩给予肯定，这样的人，不可能是一个受欢迎的人。

（二）真诚的赞美来源于谦虚

孔子说："三人行，必有我师焉。"任何一个人都有比我们自己强的地方，有别人无法企及的优点，有值得我们学习的东西。这就应该获得我们真心的赞美。对此，我们必须虚怀若谷，以人为师。这一点，一代文学大师郭沫若堪称典范。一次，郭老在台下观看自己创作的历史剧《屈原》的演出，演到第五幕第一场，他听到婵娟"怒骂"宋玉："宋玉，我特别地恨你，你辜负了先生的教训，你是没有骨气的文人！"郭老听了，感到骂得很不够，就到后台去找"婵娟"商量。郭老问演员："你看，在'没有骨气'的后面加上'无耻的'三个字，是不是分量会加重些？"正在化妆的一个演员灵机一动插了话："不如把'你是'

改成'你这没有骨气的文人',这多够味,多有力!"郭老一想,不禁拍手叫绝,连称:"好!好!真帅!"事后,他专门为此写了一篇《一字之师》的文章,倾吐了对这位"一字之师"的赞赏之情。郭沫若是著名的文学大师,精于戏剧研究和创作,能够主动去找一位普通演员探讨戏剧中的问题,本身就反映了郭老宽阔的胸怀,谦虚严谨的治学态度。当另一个演员随口说出使自己作品更有表达力度的一个字时,他不仅连连称绝,拜其为师,作文致谢。如果郭老以名人自居,气量小,怎么会虚心求救于一名演员?更不会有郭老盛赞"一字之师"的佳话了。这不仅是郭老宽广胸怀、虚怀若谷的表现,更是他尊重别人的反映。

三、赞美的技巧

(一)赞美对方最看重的地方

抓住对方最看重的东西,突出重点,有的放矢地赞美对方。

每个人都有自己看重的东西,只有赞美别人最看重的东西才能收到最好的效果。人与人千差万别,看重的东西自然也是大相径庭,这就要求我们在赞美别人之前,首先要摸清对方的兴趣、爱好、性格、职业、经历等背景状况,抓住其最重视、最引以为自豪的东西,将其放到突出的位置加以赞美,这样才能够最大限度地满足对方的心理需要。可以说,赞美别人最看重的地方是赞美的最重要原则。

【案例1】 在镇压太平军的行营中,一次,曾国藩用完晚饭后与几位幕僚闲谈,评论当今英雄。他说:"彭玉麟、李鸿章都是大才,为我所不及。我可自许者,只是生平不好谀耳。"一个幕僚说:"各有所长:彭公威猛,人不敢欺;李公精敏,人不能欺。"说到这里,他说不下去了。曾国藩问:"你们以为我怎样?"众人皆低首沉思。忽然走出一个管抄写的后生来,插话道:"曾帅是仁德,人不忍欺。"众人听了齐拍手。曾国藩十分得意地说:"不敢当,不敢当。"后生告退而去。曾氏问:"此是何人?"幕僚告诉他:"此人是扬州人,入过学(秀才),家贫,办事还谨慎。"曾国藩听完后就说:"此人有大才,不可埋没。"不久,曾国藩升任两江总督,就派这位后生去扬州任盐运使。

在上面的故事里,曾国藩的幕僚想赞美曾国藩,但苦于"威猛"、"精敏"之语都已让别人先说了,因而想不出恭维他的词句。而管抄写的后生从曾国藩说过的"生平不好谀耳"中推断出曾重视"仁德"的性格特征,于是投其所好,在这一点上加以赞美,果然让曾国藩感到舒服,并由此得到了他的重视。可见,只要赞美得恰到好处,其效果往往是超乎意料的。

很多人在赞美别人时习惯于泛泛而论,抓不住赞美的重点,其中一个突出表现就是过分忽视细节。其实,对方之所以在细节上投入那么多的时间和心血,一方面说明对方对此有特别的偏爱,另一方面也说明对方渴望这一部分努力能够得到应有的报偿与肯定。因此,我们在交际中应善于发现细微处的用意,以赞美和感谢来回报对方的良苦用心,这不但会带给对方巨大的心理满足,而且会加深彼此的心灵默契。

【案例2】 法国总统戴高乐在 1960 年访问美国时，在一次尼克松为他举行的宴会上，尼克松夫人费了很大的劲布置了一个美观的鲜花展台：在一张马蹄形的桌子中央，鲜艳夺目的热带鲜花衬托着一个精致的喷泉。精明的戴高乐将军一眼就看出这是主人为了欢迎他而精心设计制作的，不禁脱口称赞道："女主人为举行一次正式的宴会要花很多时间来进行这么漂亮、雅致的计划与布置。"尼克松夫人听了，十分高兴。事后，她说："大多数来访的大人物要么不加注意，要么不屑为此向女主人道谢，而他总是想到和讲到别人。"可见，一句简单的赞美他人的话，会带来多么好的反响。

戴高乐贵为元首，却不失对他人用意的精细体察，这使他成了一位受到格外尊敬的人。面对尼克松夫人精心布置的鲜花展台，戴高乐没有像其他大人物那样视而不见或见而不睬，而是即刻领悟到了对方在此花费的苦心，并对这一片苦心表示了特别的肯定与感谢。戴高乐赞美的言语虽然简短，但很显然，尼克松夫人获得了深深的感动。

（二）把赞美和鼓励结合起来

以含蓄的语气表示赞扬，让对方自己领会其中肯定、鼓励和期冀的意味，促使对方更加上进。

对学生、下属、晚辈等表示赞美，如过分使用溢美之词则可能会助长对方骄傲、自满、浮躁的情绪，不利于对方学习、工作、做人等的进一步发展。这就要求我们在赞美这一类人时应当把握好分寸，适可而止，少一些华丽的溢美之词，多一些实实在在的引导、肯定和鼓励，既满足对方自我价值实现的心理，又令其感受到肩上的责任和期冀，从而更加懂得上进。

【案例3】 丰子恺考入浙一师后，李叔同教他图画课。在教木炭模型写生时，李叔同先给大家示范，画好后，把画贴在黑板上，多数学生都照着黑板上的范画临摹起来，只有丰子恺和少数几个同学依照李叔同的做法直接从石膏上写生。李叔同注意到了丰子恺的颖悟。一次，李叔同以和气的口吻对丰子恺说："你的图画进步很快，我在南京和杭州两处教课，没有见过像你这样进步快速的学生。你以后，可以……"李叔同没有紧接着说下去，观察了一下丰子恺的反应。此时，丰子恺不只为老师的赞扬感到欢欣鼓舞，更意识到在老师没有说出的话当中包含着对他前程的殷切希望。于是，丰子恺说："谢谢！谢谢先生！我一定不辜负先生的期望！"这天晚上，李叔同对丰子恺的赞扬，激励他走上了艺术生涯。丰子恺后来回忆道："当晚李先生的几句话，确定了我的一生……这一晚，是我一生中的一个重要关口，因为从这晚起，我打定主意，专门学画，把一生献给艺术。几十年一直没有改变。"

在上面的事例里，李叔同尽管注意到了丰子恺在绘画方面的天赋，他自己也为此而颇感激动，但他在赞扬丰子恺时仍然努力保持了平和的心态和语气，只用朴实、含蓄的语句表示了对丰子恺画艺进步的肯定，同时欲言又止，让他自己去领会其中浓浓的期冀之情。这样的赞美方式，既让丰子恺感到满足，同时也给予了他极大的激励。

（三）发掘闪光点

变换视角，发掘对方平凡之中的闪光点，并对此大张旗鼓地加以渲染。

有些人常常抱怨对方没有优点，不知该赞美什么，这正说明了其缺乏发掘对方闪光点的能力。其实，世界上有 50 亿人就有 50 亿个世界，再普通的人也一定有他足以珍视的、独特的闪光之处，赞美者要努力地变换视角发掘、体察这些闪光之处，并对此大做文章。一个赞美别人的人如果能够做到这一点，已足以说明他是一个善于赞美的高手了。

【案例4】 春节期间，小王住在乡下的大伯带着 5 岁的小孙子健健到小王家住了两天。健健性格内向，见人不爱说话，时时刻刻跟在大伯身边，特别是和小王的女儿玲玲在一起时，一个显得聪明伶俐，一个显得呆头呆脑，弄得大伯很没面子，骂健健"三脚踢不出一个屁来"。这天晚饭过后，小王和大伯边聊天边看电视，突然听到客厅里传来玲玲的哭声。两人赶快跑出去看，这才搞明白原来健健不小心从楼梯半截处跌了下来，膝盖摔破了，健健忍着泪没哭，倒把在一旁的玲玲吓哭了。大伯见健健惹了祸，上来就骂他没出息，不争气，搞得健健也大哭起来。小王见状赶紧劝导大伯，一边劝一边扶起健健，帮他察看伤口。当看到伤口泗出一片血红时，小王拍着健健的肩膀啧啧称赞，说："农村的孩子就是生得结实，经得起摔打，跌得这么重也不哭，连句疼也不喊。这孩子将来肯定有出息，到了社会上能闯荡。你再看我这城市里的女儿，一根毫毛没动，光吓就给吓哭了。"一席话说得大伯心里舒服了许多，赶紧心疼地搂过健健，又是上药又是安慰地忙活起来。

小王的乡下大伯觉得自己小孙子和城市的孩子一比简直一无是处，因而觉得很没面子，这是因为乡下大伯只看到了表面的现象，却没有深入发掘自己孩子的闪光之处。小王为了使大伯恢复平衡的心态，借助一次跌跤事件对两个孩子作了重新评价，从"身体"和"意志"的角度对健健表示了由衷的赞叹，使大伯突破了表面现象看到了自己孩子的可贵之处，自然心里面舒服多了。

（四）以面带点

赞美对方所属的哪一类人，而不直接针对对方，使对方从侧面领会到赞美之意。

真诚坦白地赞美别人固然是好，但假若用词不当就有可能引起对方的不快，或给众人留下太露骨、太肉麻的感觉。如果我们对热情洋溢的直接赞美还缺乏足够的自信，则可以采用从侧面赞美的方式，着重表达自己对某一类人或物的赞美，这样无论怎样使用溢美之词都不显得露骨，而对方又能够同样领会到我方的赞赏之情。

【案例5】 《围城》中的方鸿渐就是一位夸人能手。他经苏小姐介绍认识了苏的表妹唐晓芙，唐晓芙说自己是学政治的，给方鸿渐提供了一个自己还算内行的信息。一般说来，女孩学政治是比较有野心而且缺乏灵气的，因此苏小姐夸她道："这才厉害呢，将来是我们的统治者，女官。"方鸿渐则从她的话里发掘出了闪光点，大加渲染了一番，说："女士原是天生的政治动物，虚虚实实，以退为进，这些政治手腕，女士生下来就全有。女士学政治，那正是以后天发展先天，锦上添花了。我在欧洲听了 Ernst Bergmann 先生的课，他说男士有思想创造力，女士有社会活动力。所以男士在社会上做的事该让给女士去做，男士好躲在家里从容思想，发明新科学，产生新艺术。我看此话甚有道理，女士不必学政治，而现在的政治家要想成功，都得学女士。政治舞台上的戏剧全是反串。""老话说，要齐家而后能治国平天下，请问有多少男士会管理家务的？管家要仰仗女士，而自己吹牛说大丈夫要治国平天下。把国家社会全部交给女士有多少好处。"方鸿渐一席话说得唐晓芙心花怒放。

方鸿渐能讨得唐晓芙的欢心，以上这一番赞美起到了很大的作用。由于是初识唐小姐，过于直露的赞美显然不太合适，容易引起对方的猜疑，因此方鸿渐采用了以面带点的赞美方式，抓住唐小姐"是学政治"的这一信息大做文章，纵论了一番女士学政治的优越性，表面上是在夸学政治的女士，实际上是在赞美唐小姐。事实证明，方鸿渐这一番间接式的赞美达到了他预期的目的。

（五）寓赞美于事实之中

不直接表达溢美之词，而是从实际生活中提取事例，证明对方行为的意义和影响，把赞美之情寓于朴实生动的事实之中。

以讲述事实的方式赞美对方有两大好处。一是朴实，即摆脱了空浮、不切实际的虚夸，代之以实实在在具有说服力量的事实依据，因而不至于给人带来肉麻、吹捧甚至阿谀奉承之感；二是生动，亦即所讲述的事例都是真真切切发生在身边的，并非凭空捏造，因此讲述起来必然亲切生动、感情饱满，对对方和旁人具有更大的感染力量。

【案例6】 中央电视台主持少儿节目的鞠萍是小朋友们的大朋友。她主持的《七巧板》节目开播后，一位老人来信说："您可知道，每逢您主持的节目一开始，我们家人和我5岁的孙子曹雷，都坐在电视机前，甚至大人说话他都要制止，神情专注地听您讲解。您对少儿的耐心和温和的言行举止，给孙子的影响太深了。有一次他做错了事，气得我要打他，他说：'爷爷，您别打我，鞠萍阿姨从不打她身边的那些孩子，下回我听话了，听您的话，听鞠萍阿姨的话。'"

本例中的老人在评价主持人鞠萍所主持的节目时就采用了寓赞美于事实之中的赞美方法。老人为了肯定和赞美鞠萍主持节目的成绩，主要讲述了自己5岁的孙子对节目的痴迷以及节目给孩子带来的影响和教益，虽没有太多的溢美之词，但读来却是那样的朴实、亲切、富于感染力。

（六）使用反语，寓褒于贬

我们在学习和工作中常有这样的体验：当我们因为取得了一定的成绩而受到同学、同事的羡慕、嫉妒、另眼看待时，虽然偶尔也会产生被孤立的不快，但更多的恐怕还是之后的价值满足。针对这一心理，如果我们在赞美他人时，故意使用反语来表达自己对他人能力、成绩、认真负责态度的"不满"或"嫉妒"，在幽默中表露赞赏之意，就只会给对方带来自我价值上的满足感和优越感，而不会令其有丝毫的不快了。

【案例7】 一位作家与一位朗诵家是好朋友。有一次，朗诵家得了艺术节的大奖，所在单位也为他举行领奖纪念会。作家将一束鲜花献给朋友，然后做了这样的致词："我参加老何的领奖纪念会已有好几次了。连连得奖，不断开会，我都替老何感到麻烦了。你就不能少得几次奖？每当这时候，我就要赶来参加庆祝会了，而且，还得买一束鲜花，要知道，鲜花可不便宜呀。送起来就没完了，换了诸位，也会嫌破费的。下一次，有没有哪位愿意替我送送？你看，没人愿干。要我说，老何你差不多就行了，别再接连不断地领奖了，否则将来太可怕了！"

　　本例中的作家果然不愧为作家，深谙"反语"这一修辞手法的奥妙，并把它成功地应用于赞美人的技巧中。作家在领奖纪念会这样一个公共场合，不但没有直接表示对朗诵家的祝贺和赞赏，反而诉了一连串的苦，抱怨朗诵家屡屡获奖，给自己带来的"麻烦"、"破费"，貌似泼冷水，实则已把浓浓的赞美、恭贺之意蕴含其中了。这样的赞美方式，恰恰是双方关系亲密的表现，效果是非常突出的。

　　（七）借他人的口赞美对方

　　借用他人，特别是权威人士的言论来评价对方，间接达到赞美的目的。

　　权威人士（或机构）的评价是最令人信服的，同时也是最令对方感到自豪和骄傲的，因此引用权威的言论来评价对方无疑是一种很好的形式。即便我们无法获取权威人士（或机构）的言论，借用他人对对方的评价也会有不错的效果，一来可以避免直接恭维对方所导致的吹捧之嫌，二来可以让对方感觉到其所拥有的支持者数量之多、范围之广，在心理的满足之外又有另外的欣慰。

　　【案例8】　　1997年，金庸与日本文化名人池田大作展开了一次对谈，对谈的内容后来辑录成书出版。在对谈刚开始时，金庸表示了谦虚的态度，说："我虽然跟过去与会长（指池田）对谈过的世界知名人士不是同一个水平，但我很高兴尽我所能与会长对话。"池田大作听罢赶紧说："您太谦虚了。您的谦虚让我深感先生的'大人之风'。在您的72年的人生中，这种'大人之风'是一以贯之的，您的每一个脚印都值得我们铭记和追念。"池田说着请金庸用茶，然后又接着说："正如大家所说'有中国人之处，必有金庸之作'，先生享有如此盛名，足见您当之无愧是中国文学的巨匠，是处于亚洲巅峰的文豪。而且您又是世界的'繁荣与和平'的香港舆论界的旗手，正是名副其实的'笔的战士'。《春秋·左传》有云：'太上有立德，其次有立功，其次有立言，是之谓三不朽'。在我看来，只有先生您所构建过的众多精神之价值才是真正属于'不朽'的。"

　　池田大作在与金庸展开对谈之前，先对金庸一生的主要成就作出了肯定性的评价，在这里他主要采用了"借用他人之口予以评价"的赞美方式，无论是"有中国人之处，必有金庸之作"，还是"笔的战士"、"太上……三不朽"等，都是舆论界或经典著作中的言论，借助这些言论来赞美金庸，显然既不失公允，又能恰到好处地给对方以满足。

　　（八）把成绩归于对方

　　肯定所取得的成绩，然后把这些成绩主要归功于对方，弱化我方的作用。

　　在工作中恰到好处地赞美将有利于彼此的团结和工作的顺利开展，特别是在双方的合作取得了一定成绩之后，我们应主动弱化我方的作用，强调和赞赏对方在工作中付出的才智、汗水和努力，使对方感到自己在工作中的重要性。很显然，这种肯定将会极大地鼓舞对方的工作热情，并使合作双方的关系更为融洽。

【案例9】 1972年美国总统尼克松访华，国务卿罗杰斯陪同。他们来到上海，下榻在锦江饭店。有一天，周总理到饭店看望罗杰斯，一见面，周总理就礼貌地伸出手说："罗杰斯先生，您好！"罗杰斯握住周总理的手，很恭敬地说："总理先生，您好！"周总理说："国务卿先生，我受毛泽东主席的委托来看望您及各位先生。"接着说，"这次中美两国打开大门，是得到罗杰斯先生主持的国务院大力支持的。这几年，你们国务院做了大量工作。我尤其记得，当我国邀请贵国乒乓球队访华时，贵国驻日使馆就英明地开了绿灯，说明你们的外交官很有见地。"罗杰斯听后，备受感动，笑着说："总理先生也很英明，我真佩服你想出邀请我国乒乓球队这一招，太漂亮了！一下子就把两国疏远的距离拉近了！"这样一下子使气氛活跃起来。

在上面的事例中，周总理和罗杰斯显然都深谙赞美之道。在中美恢复正常外交关系之际，双方都主动把这一历史性的功绩更多地归于对方的才智与努力：周总理赞赏美国的外交官"有见地"，而罗杰斯则盛赞周总理想出"乒乓外交"这一招的"英明"。在恰到好处地互致赞美之后，双方的关系显得更为融洽了。

在许多时候，自谦也可以起到赞美他人的作用。当我们在交际中适当放低自己在某一方面的才能或优势，则不用多加赞美，就已经在无形中抬高对方了，自己的普通甚至低劣正是凸显了对方在该方面的高明或优势。恰到好处地使用此种方式，既成功地赞美了别人，又能给人留下为人谦逊的好印象。

四、赞美注意点

（一）赞美要注意适度

过度的赞美，空洞的奉承，都会令对方感到难以接受，甚至感到肉麻、讨厌，结果适得其反。只有适度的赞美才会令对方感到欣慰。适度因人、因时、因事、因地而异，需要不断摸索积累，逐步掌握。

有人夸张地把社交场形容为"战场"，意即舌锋之战。要想成功地取得战斗的胜利，就必须知己知彼，拍马屁别拍在马腿上。

每个人在生活中都扮演了多重角色，角色关系不同，说话方式就不同，赞美的方式也就不同。对朋友可以真心诚意地夸他；对领导要含蓄适度地赞美，否则会认为是"拍马屁"；对爱人要甜言蜜语地称赞；对长辈要恭恭敬敬地称赞；对小孩可以和蔼可亲地夸奖他。

【案例10】 有个故事讲的是朱元璋当了皇帝以后，他从小一起玩的朋友向他求救。一个见了朱元璋后说："我王万岁！当年微臣随驾扫荡庐州府，打破罐州城，汤元帅在逃，拿住豆将军，红孩儿当关，多亏某将军。"

另一位朋友听说此事以后，也想到朱元璋那里讨个一官半职。他见了朱元璋，竹筒倒豆子似的说了起来："我王万岁！还记得吗？从前你我都替人家放牛，有一天我们在芦花丛里，把偷来的豆子放在瓦罐里煮，还没煮熟，大家便抢了起来，结果罐子打破，撒了一地的豆子。汤泼在泥里。你只顾满地捡豆子吃，不小心把红草叶子送到嘴里。叶子便在喉咙里，苦得厉害。幸亏我出了个主意，叫你把青菜叶子吞下去，才把红草叶子带到肚里去……"朱元璋在大殿上听了这些不顾体面的话，不等说完就喊道："推出去斩了！"

两个穷朋友，叙述了同一件事，一个做了大官，一个丢了性命。归根到底是前者注意了角色关系，而后者却忽略了这一点。以前他们是一起玩耍的伙伴，但如今一个是皇帝，一个是贫民，怎么能同日而语呢？

在交流中我们应当注意人与人之间的关系，判断自己与交谈对象是否存在关系。又要注意判断面对的几个交谈对象之间是什么关系，还要判断交谈对象如交谈中所涉及的人物的关系，只有准确、清楚地判断这些关系，才能使交谈进行通畅。

（二）赞美要注意场合

赞美他人要灵活把握时机，要学会见机行事，即景生情，见什么人说什么话，到什么山上唱什么歌。例如，一个小姐，一袭白衣，亭亭玉立。你一句"呀，小姐，你真美！宛如清水芙蓉，洁净如玉，恍若仙子。"这样说一定会让她心花怒放。而若对方是一位新寡少妇，你这一句赞美定会让她感觉你不怀好意，认为你处世水平低劣，对你没有好感。

【案例11】　古代一位财主中年得子，非常高兴，摆了酒席宴请亲朋好友。亲戚朋友见了小孩都拣好听的话说，有的说这孩子大福大贵，将一定会做官，有的说这小孩一脸福相，将来一定家业兴旺。财主听了心里喜滋滋的，偏偏这时一个人说："这孩子将来一定会死。"此话一出，财主的好心情也没了，酒席草草结束。

此人讲的确是真话，生老病死，谁也逃脱不了，但他不掌握财主的心理需求，冒冒失失讲出这句话，让人又气又恼。

（三）赞美要具体、深入、细致

要有明确指代和理由，抽象的东西往往不具体，难以给人留下深刻印象。如果称赞一个初次见面的人"你给我们的感觉真好"，那么这句话一点作用都没有，说完便过去了，不能给人留下任何印象。但是，倘若你称赞一个好推销员："小王这个人为人办事的原则和态度非常难得，无论给他多少货，只要他肯接，就绝对不用你费心。"那么由于你挖掘了对方不太显明的优点，给予赞扬，增加了对方的价值感，因此赞美起的作用会很大。

"老李，今天下午你处理顾客退房问题的方式非常恰当。"这种称赞是你对他才能的认可。称赞时若能说出理由，可以使对方领会到你的称赞是真诚的。如："小张，你今天的辛劳没有白费，你为公司争来了一笔生意，我代表公司感谢你，你现在是我们公司的业务骨干了。"

（四）赞美通常对事不对人

这种称赞，可以增强对方的成就感。如："你今天在会议上提出的维护宾馆声誉的意见很有见地。"这种称赞比较客观，容易被对方接受。同时也使对方感到领导对他的称赞是真诚的。

（五）注意说话语气

赞美他人要语气适当。同样一句话，如果语气不当，不但赞扬的意思表达不出来，反而会起到适得其反的效果，影响他人的情绪。A和B两人去钓了四条鱼回来，A的妻子说："钓了四条鱼呀。"而B的妻子略带夸张地感叹"钓了四条鱼啊！"意思是这么短时间内，丈夫竟钓了四条鱼，真了不起。夸张的感叹是对丈夫最好的奖赏。

五、演练题

【演练1】

某市文化公司要建一座影剧院。这一天，公司王经理正在办公，家具公司的李经理找上门来推销坐椅。"哟！好气派。我从未见过这样漂亮的办公室，如果我有一间这样的办公室，此生足矣。"李经理这样开始了他的谈话。他用手摸了摸办公椅扶手："这不是香山红木吗？难得一见的上等木料哇！""是吗？"王经理的自豪感油然而生。他说："整个办公室是请深圳的装潢厂家装修的。"说罢，不无炫耀地带着李经理参观了整个办公室，兴致勃勃地介绍设计比例、装修材料、色彩调配，兴奋之情，溢于言表。

不用说，李经理顺利地拿到了王经理签字的影剧院坐椅订购合同。他得到了满足，他也给了王经理一种满足。

请分析李经理成功之处在哪里。

【演练2】

在一个家居广场的停车场上，一个图书推销员看到一位三十多岁的女士正站在一辆轿车前，就走上前去，拿出一本书对她说："小姐，这本书对您谈恋爱很有帮助。"推销员故意这么说，他想这位女士听了一定会很高兴，这意味着她看起来很年轻。果然，那位女士笑眯眯地说："我小孩都上幼儿园了，我还谈什么恋爱呀？"推销员赶紧说："不可能吧！一点也看不出来，我真的没看出来。您看起来真年轻！"于是他急忙掏出一本教育小孩的书给她。她拿过书，看了看说："这本还差不多。"高兴地付了钱。

想一想推销员为什么能把书推销出去？

【演练3】

某中学无钱修缮校舍，校长多次请示上级拨款，却毫无实效，不得已，决定向本市玻璃制品商场的经理求援。校长之所以打算找该经理，是因为这位经理重视教育，曾捐款一万元发起成立"奖教基金会"。遗憾的是听说近两年该商场的经营一直不理想，亏损数万元。眼下要这位经济困难的经理捐款，校长深感希望渺茫。但是想到全校师生的生命安全，只好"背水一战"了。

设想你是这位校长，你应该怎样运用赞美的方法，向这位经理求援，并且达到目的？

【演练4】

某公司一位职员，有一次和他的同事在一起聊天儿，这位同事说："咱们老板真不错，他教给我们不少东西,我打心眼儿里佩服他。"后来老板找这位职员谈话,无意中这位职员把他同事的话说出来了,老板当时就问他什么时候、在什么地点说的,问得很仔细。

在后来的几天,这位职员发现,老板对他的这位同事有点另眼相看,经常和他谈话。他的同事觉得很奇怪,跑过来问他为什么。这位职员告诉他,就是因为你在背后说了老板的好话。他才恍然大悟,原来就那么一句话呀。

请你观察生活中背后赞美别人的现象,并说明这种做法的好处。

【演练5】

到一个摄影爱好者家里,对他用自己拍的照片做的窗帘视而不见,却只笼统地说:你的房间很漂亮!

请你做点评,这样的赞扬是不是最佳的方式。

【演练6】

琳琳到小涛宿舍玩,看到小涛床铺的墙上贴了好几幅画,就问小涛:"这是你自己画的吗?"小涛说:"是的,我画着玩的。"琳琳吃惊地说:"哇!怪不得同学们都说你的画儿画得好!果真是这样。"

请分析这是属于哪种赞美技巧?有什么效果?

六、补充案例(教师可设计问题,供学生学习分析)

【案例1】

1889年,清廷任张之洞为湖北总督。新任伊始,适逢新春佳节,抚军谭继询为了讨好张之洞,设宴招待张之洞,不料席间谭继询与张之洞因长江的宽度争论不休。谭继询说五里三,张之洞认为是七里三,两人各持己见,互不相让。眼见气氛紧张,席间谁也不敢出来相劝。这时位列末座的江夏知县陈树屏说:"水涨七里三,水落五里三,制台、中永说得都对。"这句话给俩人解了围,都抚掌大笑,并赏了陈树屏20锭大银。

【案例2】

1971年7月29日,基辛格率代表团秘密访华,进行打破中美中断20年外交僵局的谈判。来华前,尼克松总统曾不止一次为他们设想这次会谈的情形,以为中方会大拍桌子叫喊打倒美帝国主义,勒令他们退出台湾,滚出东南亚。为此基辛格一行非常紧张。但事实出乎他们的意料。周恩来总理在钓鱼台国宾馆亲切会见了他们。周恩来总理微笑着握着辛基格的手,友好地说:"这是中美两国高级官员二十几年来第一次握手。"当基辛格把随行人员一一介绍给周恩来时,他的赞美更出乎他们的意料,他握住霍尔德里奇的手说:"我知道,你会讲北京话,还会讲广东话。广东话连我都讲不好。你是在香港学的吧!"又对斯迈泽说:"我读过你在《外交季刊》上发表的关于日本的论文,希望你也写一篇关于中国的。"最后他握住洛德的手说:"小伙子,好年轻,我们该是半个亲戚,我知道你的妻子是中国人,在写小说。我愿意读到她的书,欢迎她回来访问。"

【案例 3】

元旦晚会上，大家都兴高采烈，有说有笑，台上节目精彩纷呈。在角落里，只有小王一个人闷不做声，心事重重。这时主持人发现了他的变化。他想："小王平时表现挺积极，做事挺热情，今天怎么了！"他又想到小王是新转来的学生，可能想以前的同学了。他于是对大家说："小王是这学期刚转咱们班的。平时各方面表现很积极，与同学关系也很融洽，现在我们就像是一家人了，共欢乐、共进步。现在，让小王为我们唱支歌，好吗？"小王听了这番话，被深深感动，感到了新班集体的温暖和凝聚力。很快与大家融在了一起。

七、教学法建议

（一）本章建议 6 课时完成

（二）教学法建议

1. 设想你到一个新的环境，面对初次见面的同事，请找出同事的三点不同点加以赞美。

2. 在教室里学生围坐一起，按照号数，一号和最后一号同学互相赞美，二号和倒数二号同学互相赞美，依此类推。每个人都从同学的身上找到特别的地方，然后发自内心地赞美对方，赞美的语言要有针对性，不能盲目赞美。

在完成以上两题后，请学生思考以下问题，教师加以引导点拨。

（1）别人赞美你的时候，你的感觉如何？

（2）你在赞美别人的时候，通常赞美哪些地方？

（3）你能给别人不同的赞美吗？换言之，你能发现每个人身上不同的优点吗？

（4）你在赞美别人的时候自然吗？为什么这样？

（5）赞美别人等于贬低自己吗？

教师也可以在学生赞美过后，一一点评同学赞美别人时值得肯定的地方以及存在的不足。

3. 本章节可以提前两周布置给学生，由 4～5 个学生组成一个团队，通过查找材料，写出教案，制作课件，由学生自己组织教学，这样既锻炼学生的口才能力，也锻炼学生团队协作能力以及其他综合能力。学生上台讲课后，教师应一一点评。

第五章　批评的技巧

本章概述　就本质而言，批评是令对方产生不快，感到心理压力的活动。没有人喜欢受到批评，涵养再高的人在内心里也是讨厌被批评的。正因为如此，如果批评的方式不得当的话，就很容易给双方的关系和工作带来消极的影响。真正做到恰到好处的批评无疑是一门学问。本章主要探讨批评的作用、批评的基本原则、批评的技巧以及批评中所要注意的事项。

一、批评的作用

必要的批评是使人认识缺点、改正错误以利于进步的良药。很少有人一生没病，没经过药物的治疗，同样，也很少有人在成长的过程中没犯过错误，没经受过他人的批评。研究与实践证明，批评的效果在很大程度上决定于批评的方法技巧。那种认为"良药苦口利于病，忠言逆耳利于行"的传统观念，反映了轻视批评技巧的错误倾向，现在看来，是很不足取的。因为它显然违背了科学规律，事实是，良药未必苦口，忠言未必逆耳。为了使我们的批评产生最佳的效果，给我们的生活和工作带来更多的愉快，我们必须掌握并能熟练运用有效的批评技巧。

二、批评的基本原则

（一）态度真诚，发自内心

批评别人是为了指导、帮助他人，并不是为了惩罚别人，因此要有良好的动机，有爱人之心、助人之意，而不是泄私愤、图报复。真诚、善意的批评，是充满热情和宽容的，而不是冷漠和尖刻的，要尊重对方的人格，不伤害对方的自尊心，这样才能使对方感受到批评者的真诚和善意，心悦诚服地接受批评，批评方能奏效。

（二）实事求是，措辞得当

在批评别人时，更要注意不能夸大其词，要实事求是。批评要有根有据。以教师批评学生为例，批评学生，首先要摸准情况，对问题的来龙去脉、形成原因要做周密的调查和了解，这样，批评有根有据、实事求是，能使犯错误的学生无言以对，自知理亏。在此基础上，有针对性地进一步摆事实、讲道理，耐心细致地分析问题，帮助学生分清是非、认识错误，就能使犯错误的学生心服口服。再者，批评的措辞也要非常注意。批评别人的词语要准确,态度要温和委婉,不可用一些刺激性的、让人听了不舒服的词语,以免事与愿违。

（三）批评有针对性,表达清楚明白

批评要有针对性,要定准批评的目标,针对某一具体行为而发,要指定某一件事情,不要用"总是"、"从来"、"根本"等字眼,将对方的所有行为都笼统地纳入批评目标。再者,要清楚明白地说出要说的话,让别人能听懂。批评要力求具体,不可含糊其辞,使被批评者"丈二和尚摸不着头脑"。例如某企业一位经理批评一名职员,说他"在不该管的事情上耗费了太多的时间",说完就走了。这名职员左思右想,不解其意。尔后这位经理也未再提起这句话,害得这职员惶惶不可终日,在随后的工作中总是唯恐自己因工作、处事不当而受罚,小心谨慎。含糊不清的批评令听者糊涂而不知所措,也许会觉得无论怎样改也不能令对方满意,索性置批评于不顾,其结果是事与愿违。

三、批评的技巧

（一）从称赞入手

先赞赏对方的某一长处,营造良好的心理氛围,然后再加以批评。批评需要营造适宜的氛围,在冷冰冰的气氛里很难收到良好的批评效果。如果在批评之前先表示对对方某一长处的赞赏,肯定对方的价值,满足其某种心理需要,那么就能够制造出较好的气氛,一方面削弱批评本身让人难以接受的程度,另一方面也使被批评者不致产生逆反心理。

先谈别人过去的成就,再谈他的现状,从今昔的对比中含蓄地提出批评。有些人之所以学习和工作上止步不前,甚至下滑不止,是因为他过度满足于已有成绩所带来的荣耀和安逸,却打不起精神来继续奋发,超越既往。对于这一类人,我们可以采用委婉的表达方式谈一谈他们过去曾有的成绩和辉煌,再谈一谈眼下的无所作为,黯淡无光,通过强调前后的反差来含蓄地提出批评,使之意识到自己此时的处境和肩上的责任,从而重新振作起来。这也是从赞扬入手的一种批评。

【案例1】 剧作家曹禺曾收到过一封批评信件,那是画家黄永玉写的,其中说道:"你曾是一片大海,而今却成了一条小溪。"此言令曹禺大为感慨,于是将信裱成条幅,悬于客厅,甚至美国剧作家阿瑟·密勒来访,曹禺同样一字不漏地念给他听。

曹禺在新中国成立前曾写出《雷雨》、《日出》等名剧,新中国成立后却长时间在艺术上止步不前,没有新的突破。画家黄永玉充分考虑到了曹禺作为戏剧界老前辈的地位,没有采用直接的批评方式,而是赠给他一副含蓄的条幅,形象地暗示他早年与现今在艺术建树上的强烈反差,使曹禺感受到强烈的震动,从而达到了批评的效果。

【案例2】 美国总统卡尔文·柯立芝任职期间,在一个周末,曾对他的一位女秘书说:"穿的这套衣服很漂亮,你是一个很有魅力的女子。"柯立芝生性比较沉默寡言,这大概是他有生以来对一位秘书的最热情的赞辞了。这对于那位秘书来说,这太意外了,太不寻常了，使得她不知所措。柯立芝接着说："好啦，别愣在那儿，我这样说只是让你高兴。从现在起，我希望你对标点符号再注意点。"

在本例中，柯立芝抓住年轻的女秘书爱慕虚荣、好面子的心理，没有直接对她提出批评，以免刺伤她的自尊，而是采用欲贬先扬的手法，先赞赏女秘书的魅力。使她女性特有的虚荣心理得到很大满足，然后在此基础上提出批评。这样一来，女秘书一方面获得了心理上的满足，一方面又并没有因批评而丢面子，对批评也就更容易接受了。

【案例3】 一位厂长沉着脸对一个迟到了5分钟的工人说："迟到了！——扣奖金！"这位工人答道："扣就扣，有什么了不起的。"结果以后几天他虽然没有迟到，可工作无精打采，毫无成效。

另一位厂长对一个因理发迟到的青年职工这样批评："小伙子，这次改了头型，挺帅！但是今天迟到了，快去车间多加把劲，把任务赶出来。"后者愉快地接受了批评，并且立即落实到行动上，回到车间"将功补过"提高了工作效率，以后再也没有迟到过。

同样对迟到现象进行批评，效果却完全不一样，前一个厂长不讲方法，简单粗暴，结果引起反感，没有使批评达到预期的目的。而后一个厂长在批评之前进行称赞，然后转入批评，因此效果很好。

通常，我们听到别人对我们的某些长处赞扬之后，再去听一些比较令人痛苦的批评，总是好受得多。用选择的方式开始，就好像牙科医生用了麻醉剂之后在拔牙，理发师在客人脸上涂肥皂沫之后在刮脸一样，目的就是减少不快和痛苦。

有时，我们甚至不提对方的错误，只是巧妙的赞扬对方的错误之中某一值得肯定之处，同样能达到批评的目的。下面这个例子可以说是这一技巧的绝妙运用。

【案例4】 某大学召开全校性的"先进教研室表彰大会"，会议在下午1：30分开始，会后有电影。个别职工三点半才到会，显然是来看电影的。大会主持人在会议总结时，一本正经地说："很多同志都积极来参加会议，甚至有的同志三点半还不辞辛苦地赶到会场，这种精神的确让人感动。"台下顿时充满了愉快的笑声，那些迟到者也难为情地笑了。这种"称赞"式的批评显然有其特殊的效果。

（二）暗示批评法

受到批评者难免有某种不快之感。有时当面指出错误会造成顽强的反抗，而巧妙地暗示对方意识到自己的错误，会使他认识并主动改正错误，这就是暗示批评法。

【案例5】 有位抱小孩的妇女上车后，一个青年主动让座给她，她连谢都没谢一声，就心安理得地坐下了。那青年突然对她说："嗯？你说什么？"妇女莫名其妙："我没说什么呀！"青年道："哦，对不起，我以为你说了'谢谢'呢。"妇女听了后，恍然大悟，面带羞色地说："哦，太不好意思了，谢谢你。"

这个青年的方法可能有点太明显，但其心理策略则很高明，假如他这样说："这人怎么连一声'谢谢'都不会说呢？"那么对方决不会道歉，顶多给你一个冷冷的"谢谢"。

【案例6】 有位顾客走进一栋新建的公寓，询问房屋售价。售屋小姐说："一楼90

万,二楼80万,三楼70万,四楼60万。"顾客考虑了一下,转身就走。小姐问:"这栋公寓不合你的意吗?""不,我很满意,它的环境好,交通又方便,只是你们盖的不够高。"多么巧妙的暗示!他借楼层低来暗示价格昂贵,这个批评真是高明得很。

【案例7】 上海某钢铁厂的青工王某擅自从厂内拿了几块木板回家做书橱。事发后,王某所在的机动科科长老吴找他谈话,一开口便说:"木板是国家的财产,你私自拿回去做家具,你的行为太缺德。"王某一听,顿时火了起来,与老吴顶撞起来。第二天,机动科支部书记小赵找小王谈话,小赵说:"厂里的木板是国家的财产,大家都不能占为己有,如果大家都拿回去做家具,能行吗?"小王听后低下了头。

在本例中,老吴和小赵都对犯错者李某进行了批评,但是得到的效果却大相径庭。原因就在于老吴采用直截了当的方式批评李某,触痛了他的自尊心;而小赵则采用了暗指式的批评方法在称谓上做文章,把"小王"代换为"大家",使小王在感情上容易接受,因而收到了较好的批评效果。

【案例8】 《红楼梦》里,贾母偏爱贾政。有一次大家轮流讲笑话,轮到贾赦时,他讲道:"一个郎中给老太太扎针治病,结果却没扎到,原来老年人的心都是'偏'的。"贾母听了自然"心领神会"。

对地位比自己高或自己很敬重的人的错误提出批评,为了不伤对方的自尊,采用这种暗示批评法是较为高明的。

(三)先己后人法

所谓先己后人法,指的是先谈自身的错误,然后再批评对方的方法。谦虚是一个人的美德,赞扬足以获得友谊的桥梁。但是,如果我们一时找不出赞美之辞,而又需要批评对方时,那么你表现谦虚的美德,从批评自己开始先谈自己曾经犯过和对方类似的错误,拉近和对方的心理距离,营造坦诚相见的良好气氛;然后对对方的行为加以批评。在批评他人之前先谈一谈自己从前做过的类似错事,一方面可以为对方提供活生生的例证,让他从这例证中认识到犯错的严重后果,另一方面也可以带给对方一定程度的认同感,拉近彼此的心理距离,营造出心胸开阔、坦诚相见的良好的批评氛围,从而使对方更容易接受。很多人没有意识到这一点,批评他人时总是既不赞扬对方,也不自我批评,只是一味谴责对方,结果他们常常遭到无情的回击:"你就没错吗?别这么自以为了不起,好像你就是正确的化身!……"

【案例9】 有个叫约瑟芬的食品店店员,在一次运货时因马虎而使食品店损失了两箱果酱。为此,老板对他进行了如下一番批评:"约瑟芬,你犯了个错。但上帝知道,我犯的许多错误比你还糟。你不可能天生就万事精通,那只有在实际的经验中才能获得。而且,你比我在这方面强多了,我还曾作过那么多愚蠢的事,所以我不愿批评任何人,但你难道不认为,如果你换一种做法的话,事情不是更好一点吗?"约瑟芬愉快地接受了老板的批评,从此做事认真多了。

在本例中,食品店老板对下属的批评有一个突出的特点,那就是把下属犯的错误和自己曾经犯过的错误结合到一起，一边批评一边做自我批评，让下属感到老板严厉中藏着理解，责怪中藏着信任，既不刺伤下属的自尊又很容易引发其认同感，让下属在一种坦诚的气氛中接受了老板的批评。

【案例10】 数学老师老王批评一个数学成绩较差的学生时说："我像你这个年龄时，数学成绩全班倒数第一。后来我不信我学不好数学，我下大力气拼命地攻它，做了大量的习题，不懂就问老师、同学，最后终于成了班级的数学尖子。我想你现在的条件比我好多了，只要加把劲肯定能上去，你为什么不试试看呢？"这个学生从此努力攻数学，终于取得了好成绩，并在市中学生数学竞赛中取得了第三名。教师们运用这种先己后人的方法常能取得奇效。

【案例11】 某公司老尤发现他的司机小杨用公车办私事，于是他找到小杨说："小杨，你忘了吗？上次我用这车送了一次亲戚，结果受到公司的批评，我还做了公开的检讨，我现在已经认识到这一错误，你今天怎么又重蹈覆辙呢？你以后可得多加注意啊！"小杨听了忙点头称是，并保证以后再也不重犯。试想，如果老尤只是一味批评小杨，不谈自己的过错，那么，小杨可能即使嘴上不说，心里也会想：就知道说别人，你不也用公车办过私事吗？这样的话，以后他还会犯类似的错误。

（四）以问代责法

将批评谴责的话用疑问句形式表达出来，让对方自己认识到错误，这种批评方法叫以问代责法。

【案例12】 有个学生写一篇演讲稿请老师批评指正。老师看过后，指出其中一个错误时说："你看，这样说，是不是容易引起别人的误解，以为你在自我夸耀？换一种说法，比如这样，……你看是不是就更恰当一些？"学生愉快地接受了批评，并按老师的要求做了改动。

有时，即使你是在纠正一个明显的错误，如果你用粗暴的态度提出批评，命令对方承认错误，那么，效果也不会好；相反，你用温和的提问代替直接的谴责却常可使对方承认错误，接受批评，并迅速改正。

【案例13】 律师老贾在饭馆就餐，菜端上来后，他发现菜里有一只小虫子。他并没大喊大叫，只是请来老板，用一种不被旁人听到而又风趣的语气对老板说："你瞧，这只可爱的小虫子倒未请先尝了，请你告诉我，我如何对它的侵权行为打官司呢？"老板负疚而激动地说："真对不起，是我们的疏忽，我马上给你换一盘新的。谢谢你……"一分钟后，一盘新炒的菜由老板亲自端了上来。临别时，老板对律师说："你是我们餐馆最最尊贵的客人。"试想，如果老贾大喊大叫，命令老板换菜，那么，一种可能是换了菜，可双方都不愉快，老贾这顿饭也吃不好；另一种可能是老贾退钱离去，饿了自己，填了一肚子的气。

（五）激励式的批评

指出别人潜在的优势，表明他有能力做好事情或改正错误。一个人犯了错误受到批评，对当事人而言既是一段痛苦的经历，又是一次对信心的打击，很容易使他对错误耿耿于怀，对个人的能力产生根本性的怀疑。我们在批评犯错者时，主要目的当然是指出错误令其改正，但同时注意不要挫伤对方的自信心和积极性，不但不要挫伤，相反，我们在批评时一方面应恰到好处地指出对方的潜在优势或成绩，以此调动他的自信心和积极性，另一方面还要尽量帮助对方分析犯错误的原因，为其提供切实可行的解决办法。只有这样做，犯错者才能够更好地恢复信心，更快地返回正常的学习和工作轨道。使其以积极的心态修正错误，继续前进。

【案例14】 在一个书法培训班上，有一位学员的起点很低，特别在运笔方面总是犯低级的错误。他对比别人，感到很沮丧。培训班的老师知道了他的情况，并没有责怪他起点太低或练习不勤，而是对他说："你的书法天赋不错，对于书法的艺术感觉是可以的，虽然在运笔方面还有些欠缺，但这是初学者都会犯的毛病，多练习几遍，心思多注意一下就好了。"那位学员听了老师的话，认识到自己的错误其实并不是很难改正的，于是对练习书法又充满了信心，运笔的毛病也慢慢改好了。

谁都不愿犯错，可是在学习、工作和生活中，因为能力、经验、阅历等诸方面的不足，犯错总是在所难免的。对于这类错误，我们应当像上例中的书法教师一样，采用激励式的批评方法，指出犯错者身上的潜在优势，打消他对个人能力的怀疑，使他相信自己是有能力修正错误、把事情做好的。

【案例15】 范承柞是外交部一名翻译，一次参加周总理的外事活动，总理同友人谈到中国气候时，突然问范承柞："你说台风是来自哪儿？"范小心翼翼答道："台风来自台湾海峡吧……"周总理听罢神色严肃起来，当着外宾的面批评道："我们外交部的翻译，一不学历史，二不学地理，哪里有台风来自台湾海峡的道理呢？台风是来自菲律宾深海区域嘛！"眼见范承柞的尴尬，周总理的批评点到为止，话锋一转又说，"范承柞同志是我的老乡，多次为我做翻译，我对他很了解。我今天这样批评他，并不是他平时的工作没做好。他还是积极的、勤奋的，为人也诚实。"范承柞事后说，这堂"气象课"上得及时，使自己从此更加勤奋学习了，以免再开"黄腔"。

周总理是一位在交际方面堪称大师的人物。在批评下级时，他虽然语气严厉，一下子点到实处，但并不忽略下级此时此刻的心理。一方面，他帮助下属分析出现问题的原因，让他们知道今后如何去做；另一方面他又对下级以前的工作态度和工作成绩予以肯定，给他们以宝贵的信任和鼓励。这样的批评方式，无疑是非常有助于达到批评的最终目的的。

（六）建议式批评

以建议的方式向对方提出正确的做法。从而否定对方的不正确的行动。

"意见"和"建议"两词的区别就在于前者是否定性的，而后者是建设性的，相形之下，人们更容易接受建议而不是意见。建设性的批评可以削弱批评中的否定性因素，制造出良好的解决问题、改进工作的气氛，在这样的气氛中，被批评者既没有从批评中感受到太多不快，又自然而然地放弃了原先不正确的做法。

【案例16】 某家具厂常年生产木质家具，工厂的墙上到处贴着："禁止吸烟"的标语。

有一天，青工李某憋不住烟瘾，在厂区内抽起来了。这时，恰巧被厂长看见了。李某惊恐万分，以为这下厂长要狠狠地批评他了，不料，厂长走到这个青工面前，拍拍他的肩膀，然后说："年青人，我很欣赏你把烟拿到外面去抽。这样，工厂的安全措施就更加落实了。"李某感到出乎意料，愉快地接受了厂长的批评。

在本例中，厂长成功地采用了建议式的批评方法。正当青工小李因害怕被狠狠批评而承受巨大心理压力时，厂长并没有直接批评他的错误行为以及这种行为可能带来的严重后果，而是用建议的方式为小李提供了另外可供选择的行为方式，使小李自然地认识到自己的错误，愉快地接受了批评。

这样的方法有时也可以避而不谈对方的错误，着眼未来，表明自己相信对方，能够改正自己的错误。当事人犯了错误，就像长出疮疤的病人，最忌讳别人津津乐道他的痛处，批评者过多地纠缠于错误本身及其后果只会让他厌烦痛苦，丧失信心，甚至于怀着破罐破摔的心态进行顶撞。既然错误已经过去，倒不如既往不咎，引导犯错者着眼未来，为做好明天的事情而吸取教训、细心准备。也是建议式方法的运用。

【案例17】 丹麦一家玩具店的老板，因待人宽厚而备受员工的拥戴。有一次，员工汤米因马虎而毁掉了近百件玩具手枪，害怕得不得了。正当他准备迎接老板的厉声斥责时，老板却安静地走过来，拍了拍他的肩膀说："汤米，你不用担心我会辞退你，既然事故已经发生了，那么我并不打算追究你的责任，让我们一起从现在这一分钟开始，想一想下面的工作该怎样完成吧！"汤米听罢，万分惭愧地低下了头。

员工汤米在工作上犯了错误，这错误的性质及其后果他是非常清楚的，因此老板并没有过多地强调错误的危害性，而是了既往不咎的宽容姿态，引导汤米着眼于未来更繁重的工作和更重大的责任。相信汤米在接受了这样的批评之后，一定会在的工作中有令人满意的表现。

（七）幽默批评法

用幽默的语言进行批评，使对方在笑声中认识到自己的错误，这种批评方法就叫幽默批评法。

【案例18】 萧伯纳有一次被一个冒失的骑车人撞倒，肇事者吓得六神无主，手足无措，连连向他道歉。萧伯纳起来后，笑着说："先生，你比我更倒霉，要是你再加把劲，那就可以作为撞死萧伯纳的好汉而名垂千史啦！"

【案例19】 某饭店的米饭做夹生了，一顾客对服务员说道："你们饭店的米饭真不错，花样繁多。"服务员大感不解："不就是一种吗？""不，有生的，有熟的，还有半生不熟的。""啊！"服务员连忙道歉。

有时，即使是很严肃的批评，也可用幽默的话语来表达。美国总统威尔逊曾任新泽西州长。有一次他的好朋友——州议员去世，他立即取消一切约会。几分钟后，一个政客打来电话："州长，我……希望代替那位议员的位置。"他非常反感，答道："好的，如果殡仪馆同意的话，我本人没意见。"

【案例20】 拿破仑是个小个子。有一次，一名比他高出一头的军官犯了很严重的错误，他非常气愤地对他说："如果你再犯类似的错误，我将取消我们之间的区别。"利用双方身高的差别，把"砍掉对方的头"说成"取消我们之间的区别"，真是幽默到家了。可见，有时最严厉批评也可能融进幽默的语言之中。

当然，要注意幽默批评法的使用场合以及对象，不可滥用，否则，可能会引起对方强烈的反感。

（八）留有余地法

对他人的错误抱着体谅、理解的态度，批评时让他保住自己的面子，说些充分谅解的话，这种批评方法就是所谓的留有余地法。

生活中谁都难免出错，如果因一次错误被骂得狗血喷头，贬得一钱不值，那么他的自尊心就会受到严重伤害，甚至可能因此而致命。不少家长在自己的子女高考落榜以后，不考虑子女的感觉，以及他的自尊，只是尽情地"发泄"自己的"批评"，极尽羞辱之能事："真是笨蛋一个！白花了那么多钱供你念书，不如喂一条狗！我天天苦口婆心地让你刻苦学习，可你就是不听。看来你什么也干不成，以后就扫大街去吧！……"结果，自杀身亡的学生大有人在，家长悔之莫及！而有的家长则很明智，他对落榜子女这样说："别上火，你已经尽了最大的努力，没什么可自责的。这次考试据我所知，很多人都没考出最佳水平。我想，只要你以后再稍作努力，多下一些工夫，下次考试会如愿以偿的。"孩子听了这样的话，当然愿加倍努力学习，改正自己不认真学习的毛病。

下例中的售票员也成功地使用了留有余地的批评方法。

【案例21】 公共汽车上，一男子到站下车，售票员验票，可他没买。车上的乘客一时议论纷纷，有指责的，有嘲笑的，弄得他很难堪。这时售票员温和地说："你是不是把月票忘在家里了？"他如释重负，立刻说："对，对，我补票。"售票员给他补过票之后，语重心长地说："你下次可得注意啊！""一定注意，一定注意！"那男子忙答道。

此例里，那男子本来是有意不买票乘车，想占小便宜，但售票员看到他已很难堪，给了他一个台阶，让他保住了面子，然后一语双关地提醒他再不要犯这个错误，效果很好。假如售票员这样说"挺大个人坐车不买票，太不自觉了。"那男子也不会心甘情愿，很有可能恼羞成怒，破口大骂。总之，当你想批评一个人的时候，一定要劳神想一下，如何给他留点面子。

（九）惩戒法

通过惩戒使对方认识自己的错误，引起注意，然后指出他的错误。这种方法称为惩戒法。

生活中总有一些不撞南墙不回头的顽固分子，他们总是固执己见，不肯接受任何批评。对这种人，采取惩戒法有时很见效。先让他尝尝错误的恶果，然后指出他的错误，使其醒悟。

【案例22】 有这么一个笑话。父亲禁止儿子在吃饭的时候说话，儿子问："任何话都不能说吗？"父亲答："是的，不管什么话都不能说。"有一天吃饭的时候，儿子忽然惊看埋头吃饭的父亲。饭后，父亲问儿子："你吃饭的时候为什么吃惊地看着我？"儿子问："爸爸，苍蝇好吃吗？""废话！当然不好吃！""可我刚才看见一只苍蝇粘在饭粒上，可你吃得很香。"父亲大怒："那你怎么不说一声？"儿子答道："您不让我在吃饭的时候说话呀！"父亲语塞。这则笑话生动地体现了惩戒法的妙用！

四、批评注意点

（一）批评要因人而异

1．确定年龄阶段。年龄大的采用商榷式的语言，年龄相近的人，采用自由交谈，对年龄比自己小的人，可用开导性语言使其加深认识。同时，批评时还要注意称谓，年长者家上谦语或职务；年龄相近的可直呼其名。

2．区别职业、级别。职业不同有其相应的批评要求。同一行业，也因不同工种、不同级别有所区别。对那些工作能手和初学者的要求不一样，批评也不相同；担任领导职务和一般工作人员批评也不同。一般地说，工作能手和行政级别高些的人，要求也相对严格些，批评也严厉些。

3．分清知识结构。不同职员的知识结构、阅历情况不同，必须根据其知识、阅历的不同，运用不同的语言艺术来展开批评。有几十年工龄的老同志，你一声轻叹，就会勾起他对过去的回忆，从而激发其心中的共鸣；受过高等教育的下级，可能因你对某些艰深理论的熟谙而产生由衷的敬意……知识、阅历深的人需要讲清道理，必要时只需蜻蜓点水，他便心领神会，而不需要唠唠叨叨，没完没了。相反，对知识、阅历浅的人必须分析、讲清利害关系，他们看重的是结果如何，而不理会其中的奥秘究竟怎样；之乎者也，只能使他们如入云雾，辨不出东西南北。较为传统的老同志不喜欢开放性的词句，五光十色的世界令他们目不暇接，莫不如通过对往日的回忆给他们安慰。年轻人讨厌那些陈腐的说教和诡秘的人际关系，他们需要理解，喜欢直来直去。可见，不同知识结果、不同阅历的人，在接受批评时的心理状况有很大的差别。

4．摸清心理情况。心理，主要指人的气质、性格、对工作的兴趣和自我更正能力。

按心理学的分类，人的气质主要分为胆汁质、多血质、黏液质、抑郁质四种类型。胆汁质的人情绪外露，一点即爆。不宜使用带有更多情感色彩的语言，但也不能因怕起"火"而不敢点，而是要摆事实和道理，不给其发作的机会。多血质的人较随和，，但因其性情体验不深而要特别在逻辑和道理上下工夫。黏液质的人虽稳重但生气不足，因此要适当给情感刺激，激发其朝气和前进的活力。抑郁质的人，由于心细而内向，批评时宜点到为妥，并尽量消除彼此之间的距离感，增加情感上的认同。但实际生活中的人不是以单一的气质类型出现，更多的是混合型，所以批评要针对不同状况，综合运用各种语言艺术，达到批评的目的。

有些心理学家把人的性格分为外倾型和内倾型两类。外倾型开朗、活泼、善于交际，可直截了当,谈话干净利落;内倾型孤僻、恬静、处世谨慎,要委婉,措辞要注意斟酌;中间类型的人,可根据实际情况随机应、因人而异。

一般地说,对改进工作有浓厚兴趣的人,大多希望能得到他人的批评指正;相反,对工作缺乏兴趣的人,必须多费口舌调动或激发其改正工作的兴趣;对无视批评、屡教不改的人,在严厉批评的同时,也要采取一定的纪律或行政措施加以督促。对有很强的自我更正能力的人,批评者只需用中性、平静的语言提醒他注意即可;人的能力有高低之分,对于那些能力弱的人,自然要提供更多的帮助,必要时直至调换其工作。

(二)批评要及时

在发现下属有错误时,要掌握速战速决的原则,立即采取行动。随时发现,随时批评,不拖延,如果拖延,让对方想"我一直都是这么做,怎么你过去就没意见呢?"这容易让对方产生种种猜测,以为是另有原因,产生了不必要的隔阂,为今后工作带来阻力。同时你自己也可能把时间淡忘了,旧事重提,其震撼力就大打折扣,而且错误的改正力度也大大降低。

(三)注意批评的12戒

1. 戒无凭无据,捕风捉影

批评的前提是实事求是,责任分明,有理有据。但是,在现实中常常见到有人批评他人时,事先不调查,不了解,只凭一些道听途说,或者只凭某个人打的"小报告",就信以为真,就去胡乱批评人,结果给人留下"蓄意整人"的坏印象。

2. 戒大发雷霆,恶语伤人

人人都有自尊心,即使犯了错误的人也是如此。批评时要顾及人的自尊心,切不可随便加以伤害。因此,批评人时应当心平气和,春风化雨。不要横眉怒目,以为这样才能显示批评者的威风。实际上,这样做最容易伤害对方的自尊心,导致矛盾的激化。因此,批评人应力戒发怒。当你怒火正盛时,最好先别批评人,待心情平静下来后再去批评。

常言说:"良言一句三冬暖,恶语伤人六月寒。"切忌讽刺、挖苦,恶语伤人。下级虽有过错,但在人格上与上级完全平等,不能随意贬低甚至污辱对方。

3. 戒吹毛求疵,过于挑剔

批评人是必要的,但并不是事事都要批评。对于那些鸡毛蒜皮的小问题、小毛病,只要无关大局,应当采取宽容态度,切不可斤斤计较、过于挑剔。这种做法,只能使人谨小慎微,无所适从,不求有功,但求无过,甚至产生离心作用。

4. 戒不分场合,随处发威

批评人必须讲究场合和范围。有的批评可在大会上进行,而有的只能进行个别批评。若不注意批评的场合和范围,随便把只能找本人谈的问题拿到大会上讲,就会使对方感到无脸见人,不利于问题的解决。批评人,特别要注意不要随便当着对方下级的面或客人的面批评他。否则,对方会认为你是故意丢他的脸,出他的丑,使他难堪,会引起对方公开对抗。许多争吵,往往是由于批评的场合不对引起的。

5．戒乘人不备，突然袭击

批评人，事先最好打个招呼，使对方先有一定的心理准备，然后再批评，对方不至于感到突然。比如，有的人做错事，但本人并没有意识到。这时应当先通过适当时机，吹吹风，或指定与对方关系较好的人先去提醒他，使其先自行反省，然后再正式批评他，指出其错误所在。这样他有了心理准备，不至于感到突然，就比较容易接受批评了。反之，如果当对方尚未认识到自己有错，就突然批评，不仅会使人不知所措，还会怀疑你批评人的诚意。

6．戒清算总账，揭人老底

批评应当针对当前发生的问题。对于过去的问题尽量不要拉扯出来。有些思想工作者为了说服对方认识问题，或为了证明对方当前的行为是错误的，便把心中积存的有关"问题"全部数落出来。这样做，只能使对方感到你一直暗地注意收集他的问题，这一次是和他算总账，从而产生对立情绪。

7．戒威胁逼迫，以势压人

批评人只有在平等的气氛中进行，才容易被人接受。如果摆出居高临下，盛气凌人的架势，说不服就压服，动不动就说："是我说了算，还是你说了算？"或下最后通牒："必须……否则……"

这样，逆反心理就产生了，对方可能会想：干吗一定要听你的？或者反过来挑衅地说："悉听尊便，请吧，我才不怕呢。"结果是逼而不从，压而不服，激起反抗情绪。

8．戒当面不说，背后乱说

中国有句俗语："当面批评是君子，背后议论是小人。"这句话反映了人们一种心态：不喜欢背后批评人。当面批评，可以使对方听清楚批评者的意见和态度，也便于双方的意见得到交流，消除误会。如果背后批评，会使对方产生错觉，认为你有话不敢当面讲，一定是肚里有鬼。再说，不当面讲，经他人之口转达，很容易把话传走样，造成难以消除的误解。

9．戒以事论人，全盘否定

批评人应尽量准确、具体，对方哪件事做错了，就批评哪件事，不能因为他某件事做错了，就论及这个人如何不好，以一件事来论及整个人，把他说得一无是处，一贯如此。比如用"从来"、"总是"、"根本"、"不可救药"，"我算看透你了"等来否定人，都是不可取的。

10．戒嘴上不严，随处传扬

批评人不能随处发威，更不能随处传扬。有的前脚离开下级，后脚就把这件事说给了别人，或者事隔不久批评另一个人时，又随便举这个例子，弄得该问题人人皆知满城风雨，增加了当事人的思想压力和反感情绪。这是一种不负责任的自由主义作风。

11．戒反复批评，无休无止

批评不能靠量多取胜。有的批评只能点到为止。当一个人受到批评后，心里已经很不自在了，如果再重复批评他，他会认为你老是跟他过不去，把他当成反面典型看待。多一次批评，就会在他心里多一份反感。

12. 戒一批了之，弃之不管

批评只是解决思想问题的手段，而不是目的，当一个人受到批评后，在心理上会产生疑虑情绪：是不是领导对我有成见？带着这种情绪，他会特别留心领导的有关言行，从中揣测领导对他的看法。当发现领导不理睬他时，他就会认为领导对他有成见；当你无意批评到与他相似的问题时，他会神经过敏地认为你又在讲他，又在与他过不去。为了消除这种猜忌心理，我们在批评之后，要细心观察他的变化，对他表示关心和体贴，有了点滴成绩，及时肯定。有了困难，及时帮助。这样才能有助于消除猜忌心理，达到批评的目的。

五、演练题

【演练1】

张杰和刘力在学校是同室好友，关系十分亲密。张杰家境不太好，自己在学习的同时，每天早晨不到5点就要到一家餐厅做工。随着学习压力增大，考试期间，两人之间产生了不满情绪。下面这段对话后，两人的友情出现了裂痕。

刘力说："你上班干吗非得把全宿舍的人都闹醒啊？"

张杰说："你以为我乐意早上5点就起床去那臭熏熏的厨房里干活吗？我父亲可不愿一年到头供养我，我得自己挣钱养活自己。我不像你，懒在屋里，靠家里供养。你自己清楚，你是我认识的人中最懒的一个。"

刘力说："哦，别来这一套。昨晚看书一直看到两点的是谁？谁又说什么啦？难道你就不能轻一点吗？那么自私呢，就不稍稍考虑一下别人！"

就上面案例，思考如下问题：

1．请分析张杰和刘力在言语表达上的失误。
2．如果你是张杰或者刘力，你又如何表达以避免一场口舌之争？

【演练2】

根据下列题目作批评技巧练习。

1．一位职工没请假就离开岗位去游玩了几天。你若是领导，怎么对他进行批评？
2．你的老师或长辈误把李白的一首诗当成杜甫的，你怎么指出对方所犯错误？
3．经理的秘书经常写错别字，这次给他看的稿子里又出现了两个，他狠狠地训了秘书一顿，把她说得掉了眼泪，并提出辞职。你要是这位经理，怎么进行批评？
4．你和朋友在饭店吃饭时，对面一个顾客吃包子不小心，将肉汁溅到你的鼻尖上，可他看了你一眼，却没道歉，你的朋友忙拿出手绢要给你擦。你觉得有必要指出对方的错误吗？该怎么说好呢？
5．你的邻居的孩子高考落榜，遭到父母的痛骂，并威胁说："如果明年再考不上，我就把你赶出家门。"你该如何指出这家父母的错误呢？

6．你的朋友写一篇讲演稿，请你指正。该稿写得像散文，根本不适于演讲。你怎么指出这个缺点？

7．一个职工上班迟到了，说等车时间太长了，人又太多，所以……你要是他的上司，如何提出批评？

8．一位老工人一时疏忽，将一个工件弄坏了。段长非常恼火："笨蛋，你分明是有意胡闹。扣你三个月奖金。"老工人顿时火冒三丈，与段长大吵起来。以后老工人再没出过次品了，可三天只干一天的活，气得段长无话可说。你要是段长，你怎么进行批评？

9．某顾客在饭店喝酒，突然他发现杯中有一只苍蝇，大为恼火。他叫来老板，指着杯子说："请你把它喝下去！"老板连忙道歉，并说要给他换一杯。可这位顾客就是坚持让老板喝下去，别人怎么劝也不行。后来闹得不可开交。你要是那位顾客，如何向老板指出错误？

10．一旅客用旅店的枕巾擦皮鞋，恰巧被服务员看到，可他还大言不惭地说："我这是在督促旅馆搞卫生。"如果你是服务员，如何提出批评？

11．将军问一士兵："马克思是哪国人？"士兵"啪"地立正并不加思索地说："马克思是苏联人。"在场官兵皆想笑又不敢笑。你认为将军应如何指出士兵的错误？

12．一对夫妇在贴墙纸。丈夫认为妻子贴的不好，说："你贴得太难看了！我是个追求尽善尽美的人，而你却正相反，做事总是粗心大意。"妻子大怒，干脆"罢工"不干了。你若是这为妻子，你怎么回敬对方的过分指责呢？

13．你到一位朋友家拜访，不巧赶上他们夫妻俩"打内战"，而且已到了白热化程度，两人轮番摔碗摔花盆，"战争"不断升级。你认为该如何进行批评呢？

14．有位民警在公共汽车站执勤，他看到有人把猪肠挂在栏杆上，便大声喊："谁的肠子？这是谁的肠子？"喊过几声之后，有位姑娘涨红着脸说："别喊了，东西是我的。"民警又道："你怎么把自己的肠子挂在栏杆上？影响市容，罚款！"姑娘由羞变怒，反唇相讥，坚决不交罚款。你认为民警的批评有什么毛病？应该怎么说？

六、补充案例（教师可设计问题，供学生学习分析）

【案例1】

火车上，一位年轻的母亲抱着孩子挤进了车厢。在几乎身无立锥之地的情况下，她身旁一张长椅上却躺着一个假装睡觉的青年人。孩子不停地吵着："妈妈，我要坐！我要坐！"可是那位青年人却像没听见似的。这位年轻的妈妈略微沉思了一会，大声对孩子说："好孩子，别吵了。叔叔累了，等叔叔休息一会儿，他会让给你坐的。"果然，年轻妈妈话音刚落，青年人马上坐起来，主动给这母子俩让了座。

【案例2】

美国有一位著名的试飞员，空中飞行的表演技术令人叹为观止。有一次他飞行表演完毕，准备飞回机场时，飞机在离地面 90 多米时，出现两个引擎同时失灵的险情。凭着他高超的飞行技术，飞机避免了一次可怕的事故。下机后，他检查了飞机的用油，不出所料，他驾驶的是螺旋桨飞机，而油箱里装的却是喷气飞机用的油。他立即找到那位负责保养的机械维修工。年轻的机械维修工知道出了事故，险些送了三条人命，一见到驾驶员来找他，吓得直哭。这时驾驶员并没有大发雷霆地训斥，反而伸出双臂拥抱他，然后又拍着小伙子的肩膀说："别难过，好好吸取教训就是了。为了证明你能够把这事干得好，我想请你明天帮我的 F-51 飞机做维修工作。"从此以后，这位青年机械维修工工作一丝不苟，兢兢业业，保养维修的 F-51 飞机再也没有出现过差错。

【案例3】

20 世纪 80 年代，无锡毛纺厂有一位青年工人，被公认为不可救药的落后典型，很多人都对他失去了信心。厂党委书记刘吉主动找他谈了一次话，却使这位青年工人的生活出现了转机。请看他是如何谈的。

刘吉一见他，就说："你好啊！"

青年冷冷地回答："不敢说好——众所周知我不好。"

"为什么抽水烟"

"有劲，过瘾，没钞票。"

刘吉又问："你每月收入多少？"

青年答："进厂 10 年，每月 386 角，奖金年年无。"

"为什么？"刘吉又问。

"因为我是全厂有名的坏蛋！"

"你一不偷，二不抢，三不搞腐化，怎么会是坏蛋！"

青年答："有人说我是不可救药嘛！"

刘吉坚定地说："这种说法是错误的，你不是坏人。说不可救药，不仅是否定了你，同时也否定了教育者自己。"

听到这里，这位青年也笑了："哈哈，我与你见解略同。"

刘吉有意紧逼一句："我听说你曾救过人？"

青年说："那是过去，好汉不提当年勇。"

刘吉接过话茬说："对，有志气！过去你曾经是条好汉。可如今呢？你骂人、打架、恐吓人、逞英雄，干的是蠢事。孔子说，'三十而立'，你今年整整 30 了，好花迟开也该开了。"

这位青年当场激动地站起来，照刘吉肩上捅了一下说："刘吉，你够朋友！"后来，这位青年果然发生了很大的变化。

【案例4】

19 世纪意大利著名歌剧作曲家罗西尼，对自己的创作非常严肃认真，非常注意独创性。对那些模仿、抄袭行为深恶痛绝。有一次，一位作曲家演奏自己的新作，特意请罗西尼去听他的演奏。罗西尼坐在前排，兴致勃勃地听着，开始听得很入神，继而有点不安，再而脸上出现不快的神色。作曲家按其章节继续演奏下去；罗西尼边听边不时把帽子脱下又戴上，过一会，又把帽子脱下，又戴上，这样，脱下戴上，戴上又脱下，接连好几次……那位作曲家也注意到了罗西尼的这个奇怪的动作和表情，就问他，这里的演出条件不太好，是不是太热了。"不，"罗西尼回答说，"我有一见熟人就脱帽的习惯，在阁下的曲子里，我碰到那么多熟人，不得不频频脱帽了。"

【案例5】

战国时期，魏吞并了中山，魏文侯把这块侵占来的土地分封给自己的儿子。一天，他问群臣："我是怎样的君主？"众臣纷纷答道："是位仁君。"唯任座表示异议："分封土地给自己的儿子不给弟弟，算什么仁君？"魏文侯听后十分不悦，任座因此离座而去。文侯又问翟璜，翟璜说："我听人说：'君主仁义，下臣耿直'，刚才任座说话那样直率，就足见您是位仁君了。"魏文侯听后，又羞愧又高兴，赶紧派翟璜把任座请了回来。

【案例6】

一天，有位外交官看见美国总统林肯在擦自己的靴子，便揶揄道："呵，总统先生，你经常擦自己的靴子吗？"

林肯明白对方的用意，但他不动声色，也以内藏暗箭的语言答道："是啊。你经常擦谁的靴子呢？"

【案例7】

南唐时，课税繁重，民不聊生。恰逢京师大旱，烈祖问群臣说："外地都下了雨，为什么京城不下？"大臣申渐高说："因为雨怕抽税，所以不敢入京城。"烈祖听后大笑，并决定减轻赋税。

【案例8】

有一天，一位年轻的作者来到某编辑部，递上自己的作品。编辑看了作品以后问他："这篇小说是你自己写的吗？"

"是我自己写的。"年轻人答道，"我构思了一个多月的时间，整整坐了两天才写出来的，写作其苦！"

"啊，伟大的契诃夫先生，您什么时候复活了啊！"编辑大发感慨。

听了编辑的话，年轻人赶紧悄悄地离开了编辑部。

七、教学法建议

（一）本章建议6课时完成

（二）教学法建议

1. 让学生对自己批评别人不当而引起的不愉快，或者别人批评你后，你心里非常不舒服，做个反思，在课堂上进行交流。并思考以下几个问题。

（1）别人批评你的时候，你的感觉如何？

（2）你在批评别人的时候，通常采用什么方法？
（3）如何使对方能接受？
（4）你学会了委婉的批评吗？
（5）怎样才不致伤及对方的自尊？

教师也可以在学生交流后，一一点评同学批评别人时值得肯定的地方以及存在的不足。

2．本章节可以提前两周布置给学生，由4～5个学生组成一个团队，通过查找材料，写出教案，制作课件，由学生自己组织教学，这样既锻炼学生的口才能力，也锻炼学生团队协作能力等其他综合能力。学生上台讲课后，教师应一一点评。

第六章 说服的技巧

本章概述 说服，是在一定情境中，个人或群体运用一定的战略战术，通过信息符号的传递，以非暴力手段去影响他人的观念、行动，从而达到预期目的一种交际表达形式。本章主要探讨说服的作用、说服的基本原则、说服的技巧以及说服中所要注意的事项。

一、说服的作用

说服普遍存在于人们的实际生活中，思想教育、知识传播、疾病治疗、推销谈判，离不开说服；同学、朋友之间，邻里、亲戚之中，教师与学生、律师与法官、上级与下级，离不开说服。说服时时有、处处有，它的应用范围极为广泛。说服他人的能力是非常重要的一种能力，很多人由于没掌握这种能力，结果常常碰壁，寸步难行，他的前面总是横着一个又一个"不"。而有些人则深谙个中之道，他们善于说服他人同意自己的观点，按照自己的想法行事，因此，他们总是取得一个又一个的"是"——成功的路标。

现实生活中，人的观点、看法、立场等都是可以改变的，除非你的意图本身是荒谬绝伦的，你总是可以设法使你的对方改变原有的态度，接受你的想法，并按你的想法去做。科学家经过数百次的研究，得出结论，说服力大小通过相应表达技巧来增强的。显然，巧妙地说服他人不是诡辩骗人，只是为自己的意见制造一个适当的环境，从而有效地把自己的意见表达出去，进而获得赞同，使对方接受并按之行事。因此，掌握并能熟练运用一些说服技巧是非常重要的。

二、说服的基本原则

（一）提高说服者信誉

说服进行的基础，是取得对方的信任。而信任，来自于说服者的信誉。信誉包括两大因素：可信度与吸引力。可信度高、吸引力强的人，说服效果明显超过可信度低、吸引力弱的人。可信度由说服者的权威性、可靠性以及动机的纯正性组成，是说服者内在品格的体现。吸引力主要指说服者外在形象的塑造。说服者的年龄、职业、文化程度、专业技能、社会资历、社会背景等构成的权力、地位、声望就是权威性。一般来说，一个人的权威性越大，对别人的影响力也就越大。如果说服者在被说服者心目中形成了某种权威性形象，那么他说服别人转变态度的可能性也就越大。

可靠性是指说服者的言论是否真实可靠，是否具有一定的真理性。没有真实性、真理性的言论，无论你说话的技巧如何精妙，都无法使人信服。动机的纯正性则是说服者的说服目的必须端正，不能抱有私心或别有目的。一个说服者，动机越纯正，目的越高尚，其说服效果就越好。

因此，要提高说服者信誉，首先要提高说服者自身各方面的素质，使之具有合理的智能结构，具有高尚的道德修养，具备权威性和可靠性，说服才有分量、有威信，才能赢得听者的尊重和信赖。此外，还需重视外在形象的整饰，一个外貌、气质、穿着、打扮能给人好感的人，才具有吸引力，一个言谈、举止、口音等方面能与对方体现出共性的人，才具有吸引力。一个恰当的印象，会产生首因效应，帮助说服者成功说服他人。

（二）了解说服对象

知己知彼，方能百战不殆。在说服他人之前，必须了解说服对象的性格、特点、兴趣、爱好，捕捉对方思想、态度方面流露出的点滴信息，摸清对方思想问题症结所在，了解对方的心理需求，根据不同情况区别对待，因人而异，有针对性地开启对方的心扉，才能真正实现感情和心灵的共鸣，避免或减少盲目说服造成的错位反应。

（三）把握说服时机

说服还要能够抓住最佳时机。同样一番道理，彼时说可能不如此时说，现在说不如以后说。时机把握得好，对方才会愿意听，才会用心听，才能听得进。否则，说服过早，会被对方认为神经过敏或无中生有；说服过迟，已时过境迁，对方认为你是"事后诸葛亮"，你即使有再好的口才，再好的意见，都不可能收到预期的效果。掌握时机，要将说服对象与时、境、理联系起来考虑，配合起来运用。可利用特定场合，造成境、理相衬，进行深入说服；可利用景中道情，情中说理，进行委婉说服；还可借助眼前实物，进行暗示说服，等等。

（四）营造说服氛围

说服，总是在一定的语言环境中进行的。环境制约了语言，因此，说服效果的好坏，一定程度上也取决于环境。一个宽松、温和、优雅的环境较之肃穆、压抑、逼人的环境，其说服的效果自然会好得多；在一个自己熟悉的地点环境中施行说服，较之于陌生的环境，自然也会有利得多。营造一个恰当的说服氛围，不仅是必要的，而且是必需的。

三、说服的技巧

（一）获取肯定的回答

当说服工作开始时，不要先提及对方的不同点，而要努力寻找对方的共同点，并加以不断强调，获取对方赞同的反应，力争在谈话开始是就使对方说"是"，尽可能不让他说"不"。因为一个否定的回答是最不容易突破的障碍，一个"不"字出口，就等于在你和对方之间筑起了一道厚厚的强壁，推倒它需要十倍的耐心和努力。奥佛斯屈教授在他的《影响人类的行为》一书中说:"当一个人说'不'时,他所有的人格尊严,都要求坚持到底,也许他事后觉的自己的'不'说错了;然而,他必须考虑到宝贵的自尊!既然说出了口就得坚持下去。因此一开始就使对方采取肯定的态度,是最重要的。

"懂得说话的人,都在一开始就得到一些'事实的反应'接着就把听众心理导入肯定的方向。就好像是打撞球的运动。从一个方向打击,它就偏向一方;要使它能够反弹回来的话,必须花更大的力量。

"这种心理模式很明显。当一个人说'不',而本意也确实要否定的话,他所表现的决不是简单的一个四划的字。他的整个组织——内分泌、神经、肌肉——全部凝聚成一种抗拒的状态,通常可以看出身体产生的有种收缩,或准备收缩的状态。反过来说,当一个人说'是',就没有这种收缩现象产生,身体组织就呈现着前进,接受和开放的态度。因此开始时我们愈能造成'是,是'的情况,就愈容易使对方注意到我们的终极目标。"

苏格拉底是古代最卓越的演讲之一,他对这种说服术最为精通,运用得出神入化。他在说服对方改变观点时,所问的问题,都是对方所必须同意的。他不断地得到一个同意又一个同意,直到他拥有很多的"是"。最后,几乎在不知不觉之下,他的对手发现自己所得到的结论,是几分钟前自己坚决反对的。在现代,这种说服术也被广为运用。请看卡奈基在他的《美好的人生,快乐的人生》一书中所举的一个实例。

【案例1】 某推销员将几部发动机卖给了某公司的工程师,如果这些发动机没毛病的话,这位工程师还会买几百部。可是三个星期后,那位工程师对他说:

"亚力森,我不能买你其余的发动机了。"

"为什么?"

"因为你的发动机太热,我的手不能放上去。"

"嗯,听我说,史密斯先生,我百分之百同意你。如果那些发动机太热,你就不应该买。你的发动机热度不应该超过全国电器制造公司所立下的标准,不是吗?"

"是的。"(第一个"是")

"电器制造公司的规则是,设计适当的发动机可以比室内温度高出华氏72度。对不对呢?"

"是的,的确是的。(第二个"是")但你的发动机热多了。"

"厂房有多热呢?"

"大约华氏75度。"

"那么,如果厂房是75度,加上72度,总共就等于华氏147度。如果你把手放在华氏147度的热水塞门下面,是不是很烫手呢?"

"是的。"(第三个"是")

"那么,我提议,不要把手放在发动机上面,不是一个好办法吗?"

"嗯,我想你说得不错。"

后来,这位工程师又为下个月开了一张价值三万五千美元的订单。试想,如果推销员一开始就力图证明发动机没毛病，否认对方的无理指责，甚至指出对方的无知，那么，即使对方认识到自己的错误，也不会再向他购货了，因为他要维护自己的面子。

(二) 换位思考

所谓换位，就是指站在对方的立场考虑问题，理解并同情对方的思想感情，从对方的角度说明问题，体验你的思想感情，进而使他改变自己的看法。

【案例2】 1977年8月，克罗地亚人劫持了美国环球公司从纽约拉瓜得亚机场到芝加哥奥赫本的一架班机，在劫持者与机组人员僵持不下之时，飞机兜了一个大圈，越过蒙特利尔、纽芬兰、沙浓、伦敦，最终降落在巴黎市郊的戴高乐机场。在这里，法国警察打瘪了飞机轮胎。

飞机停了3天，劫机者同警方僵持不下，法国警方向劫机者发出最后通牒："喂，伙计们！你们能够做你们想做的任何事情，但美国警察已到了。如果你们放下武器同他们一块回美国去，你们将会判处不超过2至4年徒刑。这也可能意味着你们也许在10个月左右释放。"

法国警察停顿片刻，目的是让劫机者将这些话听进去。接着又喊："但是，我们不得不逮捕你们的话，按我们的法律，你们将被判死刑。那么你们愿意走哪条路呢？"劫机者被迫投降了。

本例中的劫机者一方面因为机组人员的抗衡和警方的追捕而无法达到预定目的，另一方面由于不清楚警方的态度而不敢轻易放下武器，陷入了进退两难的痛苦局面。法国警察在劝说中采取了应该帮助其冷静地分析客观形势，列出对方可供选择的几种解决事情的方案，并说明每种方案可能带来的不同结果，明确向对方指出了两条道路：投降或者顽抗，投降的结果是10个月左右的徒刑，而顽抗的结果只可能是死刑。面对这两条迥异的道路，早已心慌意乱的劫机者识相地选择了弃械投降，符合自己的利益，从而做出正确的选择。

【案例3】 一次，几个小青年坐公共汽车不买票。当女售票员小王来到他们面前请他们买票时，其中一个油腔滑调地说："我们是待业青年，没有工资，买什么票？"

售票员小王很有对付这类问题的经验。她知道对这些人不能太硬，也不能太软，而用话头点拨激发他们自尊自爱的心理是最有效的办法。于是，她以诚恳的态度，小声对他们说："你们自己看看，这副腔调给人印象多不好！事实，我知道你们这些人并不坏。你们都长这么大了，又不是小孩，总懂得爱惜自己的名誉吧？乘车买票，五分一角是小事情，名誉搞坏了，你用钞票也买不回来。现在，你们不买票，还要强词夺理，这多不好！我就不相信你们出门连买票的钱也没有。今天，你们要是不买票，车上这么多乘客都认识你们的面孔了，多不好意思！"

这番语重心长的话说得几个小青年有些不好意思起来，他们相视一笑，带着几分感激，对售票员笑了笑，顺从地掏钱买了票。

人人都有廉耻心，面对着不愿意买车票的小青年，售票员小王展开了"心理"战术，站在对方的基点上，分析不好的行为对其形象与名誉产生的不良影响，这样做会因小失大，触动对方的廉耻心从而说服其放弃不好的行为。

【案例4】 俄国十月革命以后，农民得到了解放，成千上万的农民来到莫斯科。由于他们对沙皇仇恨很深，坚决要求烧掉沙皇住过的房子。有人把这件事向列宁汇报了。列宁指示干部们对农民进行说服教育。第一次劝告，农民不听；第二次、第三次，仍然劝说无效。最后列宁决定亲自和农民谈话。

列宁对农民说："烧房子可以。在烧房以前，让我讲几句，行不行？"

农民们说："请列宁同志讲。"

列宁问道："沙皇的房子是谁用血汗造的？"

农民说："是我们自己造的。"

列宁又问："我们自己造的房子，不让沙皇住，让我们农民代表住，好不好？"

农民说："好！"

列宁再问："那要不要烧掉呀？"

农民觉得列宁讲的道理很对，再也不坚持要烧掉沙皇住过的房子了。

在这个例子里，对沙皇的仇恨激发了农民焚烧皇宫的强烈愿望。在数次劝说无效的时候，列宁通过与农民对话使他们的情绪稍稍平定，然后提出让农民代表住沙皇的房子的建议，农民认识到这个方案不仅能发泄愤怒，而且可以给自己带来实际的好处，于是很快表示赞同，"烧房子"的决定也因此而"搁浅"。

在生活中，有些人受到种种因素的刺激，人们往往容易感情用事，不经过慎重周全的考虑就莽撞地采取行动。鉴于这种情况，我们应该先设法让对方的情绪稳定下来，然后提出比贸然行事更合理、更有利的举措，这样就能使对方冷静地斟酌、衡量，并为了更大程度地维护自身利益而抛弃原来的草率决定。这则案例就是这种方法的运用。

【案例5】 美国故事片《傲骨正气》中有这样一个片断：一个看守犯人的警员背对着关着杀人犯的铁笼子坐着，警长看到后，对他说："我要是你，我就对着犯人坐着。""为什么？"警员问。"那样也许安全些。"警长答道，然后走出去了。警员顺从地转过了身子。

这里，警长没有用命令的语气说服他的部下（当然他完全可以那样做），而是站在对方的立场来说服对方，部下感到的是警长对自己的关心而不是生硬的强迫，因此他很乐意接受。

【案例6】 波斯国的一个奴隶主奥默的奴隶在服役期间逃了，后来被抓回来送到国王面前，准备砍头示众。他对国王说："至高无上的主啊，我是一个无辜的好人。如果根据您的命令把我杀死，这血债是要用血来偿还的，请允许我在去世之前犯一次罪吧——让我杀死我的主人奥默，这样我就心满意足了。我这样做实在是为了您的好处，您就不会承担杀害无辜的罪名了。"

国王听后大笑，并赦免了他。

这个奴隶之所以能说服国王免他一死，就是因为他的话尽管可笑，但是是为国王的利益着想（怕国王背上杀害无辜的罪名），因而使国王动了恻隐之心，放了他一条生路。如果他一味为自己辩解，请国王别杀他，那他必死无疑。

让对方改变位置进行说服是一种有效方法。在美国，频繁的车祸使交通部门很感头痛。他们用罚款和其他法律手段来劝肇事者注意安全，但收效甚微。后来，交通部门在专家们的建议下，采纳了一个新的办法。他们让那些违章司机换个"位置"——换上护士服，到医院去照料那些因交通事故住院的受害者。体验他们的"痛苦"，结果受到奇效，那些违章司机从医院出来判若两人。他们不仅成为遵守驾驶规章的模范，而且成了交通法规的积极宣传者。在进行说服谈话中，利用这种方法也能受到奇效。

（三）褒奖法

通过褒奖法达到说服对方的目的是一种很有效的说服术。

有位男青年发现他的女朋友在和他约会时，总是爱穿一种迷你超短裙。他心里很不喜欢看她穿这种裙子，可要直接反对又有伤她自尊心。如何说服她不穿这种超短裙呢？偶然有一次他看到她穿了一条长裙子，他便极力夸奖她穿长裙子是多么好看，多么迷人。果然，由于穿裙子受到了赞扬，以后，她和他约会时，再也不穿超短裙了。这就是褒奖法的妙用！

【案例7】 某领导向他的一位部下说："×××，你脑子灵活，技术又好，考虑再三，觉得只有你来做这件事最合适。这件事很急，我相信你有办法尽快把这件事做好的。"对方听了后，接受了任务，并千方百计克服困难完成了领导交给他的任务，而且，干得很出色。

试想，假如这位领导这样说："这事是你职责范围内的，事情很急，你得在明天把它办好。"效果势必两样，因为对方感到是被迫行事的，积极性也就不高，结果工作可能不会按时完成，或是即使完成了，也不会很出色。

一般来说，我们在说服之前先称赞对方某个优点，然后再开始进行说服工作，效果是很好的。因为对方首先对你产生了好感，对你抱有接纳的态度，这就为后来的说服工作打下了良好的基础，成功的概率因此而大增。

（四）暗示法

现实生活中，有些事情是不便直接说服对方去做的。如果你一定直言相劝，常常引起对方的反感，即使他真按你的要求去做了，心中的不快也总难很快消失。

【案例8】 某旅馆内一房客用完洗脚水却没倒掉，躺在床上看起武侠小说来。房间里只有一个脸盆。这时另一房客想用脸盆，对他说"请你把水倒好了吗？我要用脸盆。"他看了那人一眼，极不情愿地下地倒水，回房屋将脸盆往地上一摔，又看他的小说去了。这以后，二人没搭过一句话。

同样的情况，有一个房客这样对没倒洗脚水的人说："老兄，你还用脸盆吗？"那位老兄忙说："啊！不用了，我忘了，我去倒掉。"说着下地去倒水，回来时还端来一盆热水给那个要用脸盆的人。这里，要用脸盆的人并没有说要用脸盆，要求对方把水倒掉，他只是暗示地问了一声，就达到目的。

【案例9】 在盛夏的列车上，有一个乘客将鞋拖掉，顿时一股臭气散发出来。对面一位老工人明知臭味来自何方，但他却侧身问身边的一位妇女："噫？哪来的一股味？你闻到了没有？""是一股味。"话音未落，那位晾脚的乘客已悄悄把脚伸进鞋内。

（五）借此说彼

利用两个事物之间的某一相似点，借甲事物来说明乙事物，不仅可以使问题简化，而且，往往能收到事半功倍的效果，说服力很强。

【案例10】 某中学只有一把旧式风琴，而且，已经五音不全了。音乐老师找校长，请求再买一部新风琴。校长说："不是有一个吗？"音乐教师说："已经用很长时间了，而且缺一个音。"校长道："缺一个音有什么关系？能响就行。"音乐教师说："校长，你是教数学的，你认为缺一个数字能行吗？"校长无言以对，同意了音乐教师的要求。在这里，音乐教师并没有正面说明为什么不能缺音的大道理，这讲起来既费时间，校长又不理解，很难达到说服的目的，她只是提出一个与此相似的数学上的数字问题，校长顿时就明白了。

（六）激将法

【案例11】 英国著名神经生理学家谢灵顿，早年是一个横暴乡里、染尽恶习的浪荡公子。一次，他心血来潮，向一个女工求婚，不料那女工断然拒绝："我宁愿跳到泰晤士河里淹死，也不会嫁给你。"他羞得无地自容。从此，他发愤读书，并于1932年获得了诺贝尔奖学金。此例中，女工由于厌恶，对谢灵顿出言刺激，在客观上对他的自尊心却起到了"引爆"、"点燃"作用，促使其猛醒。从一定意义上说，姑娘在无意间使用的激励法创造了一个杰出的科学家。可见，刺激性语言在一定情况下能产生"点石成金"的奇效。所谓激将法就是用反面的话刺激别人，使他决心去做什么的一种表达方式。有时，人的自尊心受到了自我压抑，出现自卑、气馁的状态，如正面开导与说服还不能使之振奋，若有意识地运用反面的刺激性语言，"将"他一军，反而可能使其自尊心从自我压抑中解脱出来，达到新的心理平稳以改变原有的状态。

【案例12】 某造纸厂改革用人制度，张榜招聘中层干部。工人们都希望有能力的技术员小黄揭榜，当车间主任，可他瞻前顾后，不敢揭。大家什么说也不行。这时，一位老工人对他说："小黄啊，厂里花了那么多钱送你上大学，学了一肚子玩意儿，可你连个车间主任都不敢挑，真是个窝囊废！"

"什么，我是窝囊废？"小黄一气之下当场揭榜，出任了车间主任，工作做得非常出色，深受大家欢迎。显然，是老工人的激将法把他"逼"上了台。

需要说明的是，用激将法要看清对象，看好时机，把握分寸，否则，不但收不到预期的效果，反而使对方产生反感，因而更加顽固地坚持他原有的看法。

（七）以情动人法

劝说，必须在晓之以理、动之以情上下工夫。而在劝说者与被劝说者之间矛盾尖锐，情绪对立时，说理往往难以奏效，这时，就需要动之以情了。亚里士多德曾说过："说服是通过演讲使听众动感情而产生效果的，因为我们是在痛苦和欢迎、爱和恨的波动中作出不同的决定的。"心理学研究表明，当一个人处于愧疚、自责、害怕、焦虑等情绪中时，较易接受劝说信息。因此，劝说者应设法通过具体生动的现身说法，典型事例剖析，利害关系的强烈对比等方法去感染和警示对方，使他悔悟。

【案例 13】 数学家苏步青上小学时，成绩特差，年年期末考试都是倒数第一——这种情形，就如同把名次靠前的同学的名字"背"在自己身上一样，所以人称"背榜生"。一次他又逃课了，老师找到他，告诫道："你不读书，别人怎会看得起你呢？看不起你的原因，不就因为你是背榜生吗？如果你考前几名呢？你知道牛顿吗？他也长在农村，到城里念书时成绩也不好，同学都欺负他，瞧不起他。一次，一个成绩名列前茅的同学还故意把他打得趴在地上——他凭什么？不就是成绩比牛顿好、身体比牛顿壮吗？别看平时牛顿不敢惹他，这回可不一样了。只见牛顿猛地翻身跳了起来，将那个打他的同学逼到了墙角。那同学一见牛顿如此勇猛，不由害怕了，只得认输，从此也再不敢欺负他了。从这件事上，牛顿得到了启发，只要有骨气，肯拼搏，就能取胜。从此他努力学习，终于取得全班第一的好成绩。"一系列的反问中，苏步青第一次听到了一位大科学家如何克服自身弱点、奋发图强的事迹，这无疑使他心灵受到极大的震动，老师列举的牛顿的典型事例，使苏步青吸取到了前进的力量。从此他不断地发奋学习，终于使自己的学习成绩得到根本的改变。苏步青的老师通过动之以情的方法劝说，收到了明显的效果。

四、说服注意点

（一）尽量把劝说的动机藏起来

古希腊有个神话，说宙斯给潘多拉一个盒子，盒子里面装着这个世界所有的罪恶和苦难。宙斯告诉她绝对不能打开。潘多拉很好奇，越是不让打无她就越想打开盒子，看看里面到底装了什么。结果她打开了盒子，放出了世界上所有的罪恶。

这种心理在现实生活中确实存在，越是禁止的东西，人们越感兴趣，越难得到的东西，也就越显得珍贵。为什么会有这种现象呢？心理学家认为：人类有一种探究的本能，遇事都想知道个究竟，以揭示其奥秘。就是这个本能试发了人们的好奇心，驱使人们去解开事物的真相。利用这个道理，我们要劝说别人的时候，为了增强信息的影响力，就需要把劝说动机巧妙地"隐藏"起来，让被劝说者感到"意外"地获得了劝说信息，可有效地增加信息的可信度。

在改变人们的态度时，也可以根据逆反心理的特点，把某种劝说信息以不宜泄漏的方式表达给被劝说者，或者以不愿让人们多得的方式出现，就可以引起人们对这一信息的重视，使他们毫不怀疑地接受它。

有时候耳语也能起到这样的效果，喃喃细语是富有情趣的。你看恋人只有在很甜蜜的时候才会肩并肩地窃窃私语，吵架的时候绝不会如此。劝说他人也是如此。我国有个成语叫做"促膝长谈"，意思就是靠在一起说知心话。坐在一起面对面和风细雨地谈，比站着喊更能让人感到亲切。如果你说话的声音由于情感的融合而逐渐变小，那么心理的交流也就会逐渐顺畅，两个人的心沟通了，劝说自然也就容易起来。

（二）让事实说话

当一种观念进入心底很长时间时，有时外人用话语的确难以改变它。此时可用事实这种最有力的武器来说服他。

【案例 14】 1961 年 6 月 10 日，周总理接见溥杰的夫人嵯峨浩时，了解到嵯峨浩的顾虑。嵯峨浩刚到中国，因为自己是日本人，又是伪满皇帝的弟媳，担心受到歧视。为了打消嵯峨浩的顾虑，周总理请三个人作陪，一位是老舍夫人，一位是京剧名旦程砚秋的夫人，另一位是照顾总理夫妇的护士。为什么请这三人？因为她们都是满族人。总理先介绍三位陪客，然后讲了我们党的政策，讲中国各族人民都有平等的地位，不会受到歧视。如果没有三位满族人在场，以事实作证，嵯峨浩未必会相信总理，未必会去除偏见，打消顾虑。

改变一个人对一件事的偏见，就要找到与他观念相悖的事实，自然而然引进这个事实，并在时机成熟时阐述它，发挥它，使之真正成为你的有力论据。若要改变一个人对另一个人的偏见常常要难得多。但用同样的方法也可以做到，只不过需要更长的时间，更多的坚持，也即积累更多的事实。让事实说话，让说话的声音更有力。

（三）活用数据

我们生活在数字的世界里，每天所见、所闻与所思的一切，几乎没有不涉及数字的。因此，我们也许对数字或多或少地产生麻木或厌烦的感觉。其实，这样的感觉是很自然的，因为数字只是代表事实的一种符号，而非事实本身。在说服他人时运用数字，要留意下面两个要领。

1. 除非必要，否则不要随便提出数字。你抛出的数字过多，不但会令对方感到纳闷而关闭心扉，而且也会令听众觉得你没人情味，因为你所关心的只是冷漠的数字。

2. 要设法为枯燥的数字注入生命，这即是说，要让数字所代表的事实，能成为一般人生活经验中的一部分。只有这样，人们对数字才感到亲切，也才能产生兴趣。举例来说，下面的第一种数字陈述方式若能改为第二种陈述方式则其影响力将显著加大。

A："假如各位接纳我的提议，则公司每个月至少能节省 67 453 750 元的开支！"

B："假如各位接纳我的提议，则公司每个月至少能节省 67 453 750 元的开支！从另一个角度来说，倘若这项节省下来的开支，能以加薪的方式平均分配给公司的每一位成员，则每一个人每一个月的工资将增加 3 500 元！"

五、演练题

【演练 1】

基辛格是个搞了一辈子外交的风云人物。退休后，他有时出书，有时讲学，有时接受记者采访，当然，做这些的前提都是收费的。而水均益仅仅用了几句话，就说服基辛格免费接受了他的采访："我们的节目有十分钟长，是中央电视台最黄金的节目之一，收看我们节目的观众有4亿。"水均益首先介绍自己的节目，目的是引起基辛格的重视，同时也是为了打消对方的收费念头，接着，水均益又说出一句温情脉脉、暖人肺腑的话："基辛格博士是中国人民的老朋友，很多中国观众都非常希望了解博士的近况。"水均益的话如同一杯怀旧的酒，激起了基辛格对昔日美好生活的重温，他愉快地接受了采访。

设想你是一班之长，班上同学对教授古典文学的李老师"情有独钟"，因为他的渊博学识，因为他的和蔼可亲，想请他做班导师，但李老师工作非常忙碌，请你来一番说辞，让李老师欣然接受你的邀请。

【演练2】

一位学有小成绩的年轻人，在数学研究上打算选择数论作为自己的研究课题，他向著名数学家华罗庚请教。华罗庚为了说服年轻人另辟蹊径，开拓新的领域，说了这样一段话："数论这东西，我在30年代开始研究的时候，好像是一桌丰盛的筵席，好吃的东西多着呢。到了陈景润这一辈，数论已经被许多人'吃'过了，桌上是残羹剩菜，不过，陈景润也够厉害的，'吃'了不少。如今到了你这一辈，数论的一些重大课题都已经被人'吃掉'了，连残羹剩菜都不多了，你何必去舔盘子呢？你要自己去找一个新的领域，闯进去！"

试想你的一个好朋友，因家庭突遭变故，深受打击，生活一蹶不振。请你通过一次谈话，用艺术语言，说服、帮助她他恢复理智，走出烦恼的困扰，重新扬起生活的风帆。

【演练3】

有个人在郊区买了一幢房子，而此前好几个推销员向他介绍时都被拒绝了，是什么原因使得他先拒绝后来又同意买下呢？原来是最后一位推销员的功劳。

我们听听他是怎么说的："的确，这房子像您说的那样，离车站稍微远了点，可是您骑自行车不过10分钟就到了，如果您每天骑10分钟到车站，下班后再骑回来，对您的健康是有意想不到的好处的。""的确，这房子不在闹市区，但您看看，它依山傍水，右边还有丛林，没有车马喧嚣的环境在今天寸土寸金的时代是多么宝贵哟！双休日全家老少到附近散散步不是很惬意吗？""而且今后土地和建筑材料将节节上涨，您趁早买下来绝没有吃亏之虞，现在正是买下来的时候。"

你从上面这个例子中得到什么启示？推销员运用了什么说服方法？

【演练4】

根据下列题目，做说服技巧的练习。

1. 当你与某人讲理时，他恼羞成怒，向你举起拳头威胁，你怎么说服他放下拳头？
2. 几个朋友喝酒猜拳，夜深了，邻居都要休息，你怎么劝说这些正在兴头上的朋友散席回家？
3. 你怎么劝说一些孩子停止在禁火区玩火呢？
4. 单位让你去请一位专家作专题报告，且要付报酬，你如何去请他大驾光临呢？
5. 某人不止一次向你复述同一件事或同一个笑话，而且讲一次要花很长时间间。这次他又开始讲了，你如何说服他别讲了？

6．某部队文工团的一位演员，在第一次登台演出时，由于缺乏经验而产生怯场心理，任别人怎么劝说也死活不上台。

你若是领导，此时该如何说服她上台？

7．学生宿舍内有的学生在睡午觉，可有一个学生却唱着歌走进来。你若在场，怎么劝他不要唱了？

8．大家正在排队买火车票，这时，有一个挤到窗口要插队买票，大家很不满意。

你若在场，怎么说服他到后边排队买票？

9．小王到大学同学大刘家去玩，正赶上大刘夫妻俩"内战"。大刘两口子争相请他评理，小王无言以对。两口子越战越酣。

你认为小王应该如何说服他们握手言和？

六、补充案例（教师可设计问题，供学生学习分析）

【案例1】

楚庄王有一匹心爱的马，"衣以文绣，置之以华屋当中，席以露床，啖以枣脯"，结果，这匹马因为喂得太肥，反倒死了。楚庄王非常痛心，欲以大夫礼为死马举行丧事。左右力劝，庄王不听，动怒下令道："谁再敢来谏我葬马，就处以死罪！"

优孟听知此事，进得殿来，仰面大笑，庄王诧异，问其缘由，优孟答道："这是大王您最喜爱的马呀！我们楚国堂堂大国，什么排场摆不出来呀，而大王只以大夫的丧礼来葬马，太寒酸了！我看应以国君的葬礼来安葬它。"

庄王问："那该怎么办呢？"优孟说："应以雕玉为棺，文梓为椁，调动大批士卒修坟，征用大批百姓负土。让齐国、赵国的使节列于前，让魏国、韩国的使节翼于后；再给它造起寺庙，祀以太牢之礼，奉以万户之邑。这样一来，诸侯各国就都知道大王您把人看得轻贱，而把马看得很尊贵了。"庄王一听，突然醒悟过来，深责自己险些酿成大错。遂打消此念头。

【案例2】

1995年，甲A大战，金教头率领绿色军团，激战群雄，荣登亚军宝座。国安集团总部拨出9套住房奖赏国安将士。曹限东、高峰作为绝对主力分得房子，无人有疑义，然而，给并非主力的郭维维、谢少军一套房子的决定，未必能服众人。于是，金志扬聚齐全体将士，在队列中拉着郭维维的手，对大家说："老五（郭维维的外号）已经三十多岁了，为北京队服务了十多年。当年一听说队里需要，他便放弃了在香港踢球的机会毅然归队，这是什么？这就是情分。再说，他孩子已经四岁了，连个窝儿都没有，整年挤在集体宿舍，这也实在太不近人情了，尽管他不是主力，但训练比赛怎么样，你们都看见了，别忘了，他比你们大十几岁！你们说，该不该给老五解决住房问题？"所有队员闻之皆答"应该！"接着，金志扬又拍着谢少军的肩膀，说道："有人可能要问，谢本儿（谢少军的外号）今年就没怎么上场,为什么给他分房?我说该给!谢本儿家在广东,幼小离家,在北京队一呆就是十几年,训练不惜力,比赛不要命,伤病从来没有断过,北京球迷叫谢本儿血染的风采。到如今,他两条腿都断了,可以说,他把运动生命都搁到北京足坛了……"说到这儿,金志扬说不下去了,堂堂五尺男儿的谢少军已是潸然泪下,队中一片唏嘘之声,不少队员哽咽难语。

【案例3】

某百货公司,与一电脑厂签订了购货合同,定于3个月内交货。但一个月后,该工厂见电脑价格大大提高,就想撕毁合同,将货高价卖出。百货公司立即派代表前去,力争让对方履行合同。代表说:"我们是慕名和贵厂打交道的。3年前,不少公司向我们提起贵厂,说贵厂经管有术,管理有方,产品品质优良,讲究信誉。在我们打交道近两年中,我们深切感受到了这些。这次我方向贵厂订购的货物,是与另一家大百货公司合作经营的。如若我们不能按期供货,就可能闹出问题,也许到时候就要请贵厂出面为我们解释。我们的困难,想必你们是可以理解的。另外,我们是老朋友了,过去打过交道,将来还要合作,何况我们公司的分店正在逐渐增加呢!这次,我们双方虽然有一点风波,但我们是能够理解的。贵厂做事一向谨慎,若中断了我们之间的关系,其他新旧客户也就不得不三思而行了,他们是不是会觉得你们不讲信用,难以合作,甚至与你们中断业务往来呢?那样,贵厂就得不偿失了……"

【案例4】

盛夏季节,学生打瞌睡的现象时有所见。一次,一位语文老师讲得口干舌燥,有的学生照睡不误,甚至发出了鼾声。老师笑道:"到站了,醒醒吧。"引得大家哄堂大笑,惊醒了梦中人。老师接着说:"夏天是个多梦的季节。我也当过学生,也在课堂上睡过觉。求学的生涯是很辛苦的,我理解大家的处境。但是,学生时代是学知识、长本领的黄金时代,无穷岁月增中减,有趣学问苦后甜。教学相长,我不误人子弟,大家也别虚度年华。让我们一起振作起来,同仇敌忾,驱走瞌睡这个恶魔!"大家为之一振,理解了老师的一片苦心。打瞌睡的同学感到了内疚,意志战胜了惰性,以后打瞌睡的同学明显减少。

【案例5】

某校有个学生,兴趣广泛,上进心强。但就是出不了成绩,没有一个方面能拿得出手,渐渐对自己失去了信心。有的同学鼓励他要持之以恒,有的告诫他要专一,还有的干脆劝他放弃,弄得他无所适从。班主任听说后,讲了这么一番话:"在这个世界上,歪打正着的事情是经常发生的。人对目标的追求,有时就是这样。无论有没有结果,最后都有一些收获,并且这种收获常以副产品的形式出现。歌德本来是追求一位姑娘的,一年后,人没追到手,手上却多了一本《少年维特之烦恼》;伦琴在实验室蹲了6年,本来是想找晶体光谱的,结果光谱没找到,却意外发现了 X 射线。为此,英国政府奖给他12万英镑,诺贝尔委员会奖励他53万美元,他那张印着左手的感光纸,更是副产品的大头,1932年被一位收藏家以120万美元的价格买下。总之,造物主从不让伟大的追求者空手而归。在这个世界上,对追求者而言,是不存在失败的。你不妨好好回顾、总结一下,相信你会有所收获的。"名人的经历深深触动了这个学生的心,使他重新鼓起了理想的风帆。

【案例6】

一个广告公司招聘一名设计美工,应聘者众多,几轮下来,只剩两人。面对主考官,其中一人说道:"高中的时候,老师让两个学生各画一幅画,主题是《母爱》。第一个学生想了想,画了一幅宁静的夜色图:蓝天、月牙儿、星星,月光下的妈妈正晃着摇篮,摇篮里睡着她的孩子。第二个学生想了想,先画了汹涌的海浪、陡峭的悬崖和狂暴的骤雨,然后在悬崖上画了一只鸟妈妈——她一边支起一只宽阔的翅膀挡住风雨,一边用另一只翅膀紧搂她的孩子。这画第二幅画的就是我。而且鬼使神差地,画上的情景太像我现在的处境了。孩子的爸爸去年死于车祸,病弱的孩子刚上中学,我们单位偏偏又破了产,我成了下岗人员,但我不怕。因为我想过——既然画上的鸟儿能用她的翅膀挡住风雨护住小鸟儿,我也就能!我坚信,即使我真的会在这最后一轮中被淘汰,我也会继续拼搏的。"

【案例7】

一天,一家人寿保险公司的一个推销员来到某单位推销少儿保险,几位年轻的妈妈询问保费怎么缴,推销员未加思索,脱口而出:"年缴3 650元买10份,连续缴到年满18周岁……"话音未落,人早已散去。没过几天,这家保险公司的另一个推销员来了,他是这样说的:"只要您每天存上一元零花钱,就可以为孩子办上一份保险。"

【案例8】

办公大楼内,一个全身绑满炸药的狂暴的歹徒,用枪逼着8个人质,坚持让警方作出选择:要么预备好足够的钞票和直升机让他离开这个国家,要么他与人质和大楼同归于尽!危急关头,一位老警官挺身而出,赤手空拳走进大楼……不一会儿,解除了武装的歹徒跟着老警官走出大楼。请看他是如何说服歹徒的。

警官像拉家常一样:"我有一个儿子,今年10岁,上小学四年级。他非常可爱。为了他,我可以牺牲我的一切。"(话锋一转)"你有儿子吗?"歹徒情绪稍有放松,但仍用枪指着警官"有,两个。一个6岁,一个9岁。""你爱他们吗?""当然爱。""既然爱他们,难道你不想看着他们长大成人,看着他们上大学吗?"歹徒头上开始冒汗,拿枪的手剧烈颤抖起来。警官穷追不舍:"你既然爱他们,难道忍心让他们这么小就失去父亲、成为孤儿?"歹徒心理防线轰然崩溃,一屁股坐在地上哭起来。

七、教学法建议

(一)本章建议6课时完成

(二)教学法建议

1. 在上本章之前,可以让学生就自己被说服或者说服别人的亲身经历,谈谈成功或失败的感受。

2. 本章可以待"拒绝的艺术"上完后,一起进行情景模拟练习:请两个同学就某事模拟,一方扮演说服者,另一方则表示拒绝者,看看最后是否能说服对方。在完成模拟后,再请其他学生进行点评,最后教师进行点评。

3. 让学生通过课余时间找出成功案例并在课堂上交流。

4. 本章节可以提前两周布置给学生,由4~5个学生组成一个团队,通过查找材料,写出教案,制作课件,由学生自己组织教学,这样既锻炼学生的口才能力,也锻炼学生团队协作能力等其他综合能力。学生上台讲课后,教师应一一点评。

第七章　拒绝的技巧

本章概述　拒绝即对于别人的请求说"不"。人际交往中需要学会拒绝,才不至于使自己平添了许多麻烦,也不至于因拒绝而得罪别人。本章主要探讨拒绝的作用、拒绝的基本原则、拒绝的技巧以及拒绝中所要注意的事项。

一、拒绝的作用

世界著名喜剧电影明星卓别林曾对影星索菲亚·罗兰说:"你必须克服一个缺点。如果你想成为一个生活异常美满的女人,你必须学会一件事,也许是生活中最重要的一件事,你必须学会说'不'。你不会说'不',索菲姐,这是个严重缺陷。我也很难出口,但我一旦学会说'不',生活就变得好多了。"(索菲亚·罗兰《生活和爱情》)的确,在人们交际过程中,说"是"容易,说"不"难。"不"表示否定,拒绝,它的力量非同小可。正像有人所讲的那样,我们用成千上万的美丽动人的词语来肯定一种事物,仍嫌不够,可我们却可以只用一个"不"就可以使这座精心构筑的大厦顷刻之间土崩瓦解。不加任何修饰或补充的"不",常常会给你自己和对方带来诸多烦恼。虽然从现实的客观理由上说,拒绝有时是合理的,但从人们的心理活动规律上来说,拒绝在任何时候都会给对方带来不快。但是,如果因此就凡事都说"是",那么你的一生只有吃亏受害的份了。要想使生活异常美满,我们必须学会说"不"。因此,为使对方不对你的"不"产生强烈反感,或使对方接受拒绝时所产生的不快降到最低限度,就要讲究拒绝的技巧。

二、拒绝的基本原则

(一)拒绝的态度要诚恳和蔼

不要在他人刚开口时就予以断然地拒绝,不要对他人的请求流露出不快的神色,更不要蔑视和忽略对方,这些都会让对方觉得你的拒绝是对他没有诚意的表现,从而对你的拒绝产生逆反心理。无论是听对方陈述要求和理由,还是拒绝对方并说明缘由,都要始终保持和蔼亲切的态度,让对方了解自己的拒绝实在是认真考虑后不得已而为之。

(二)拒绝的措辞要委婉含蓄

对于他人的请求,表现出无能为力,或迫于情势而不得不拒绝时,一定要记得加上"真对不起"、"实在抱歉"、"不好意思"、"请多包涵"、"请您原谅"等致歉语,这样,能够不同程度地减轻对方因遭拒绝而受到的打击,并舒缓对方的挫败感和对立情绪。

（三）拒绝的内容要明白直接

拒绝的态度应该温和，拒绝的措辞应该讲究，但是，对于明显不能办到的事，应该明白直接地说出"不"字。"说得多不如说得少"，言简意赅，要言不凡是最有效的方法，模棱两可的说法易使对方抱有幻想，引发误解，当最终无法实现时，对方会觉得受了欺骗，由此引起的不满和对立情绪往往更加强烈。"当断不断"，其结果只能是害人又害己。

（四）拒绝的理由要合情合理

不要只用一个"不""就让对方打道回府"，而应给"不"加上合情合理的注解，让对方明白，自己的拒绝不是毫无来由，更不是找借口搪塞，而是确有无可奈何的原因或难以诉说的苦衷，讲明自己的处境，最好具体说出理由及原委，那么，在将心比心中，对方自然就能体谅你的言行了。

当然，在拒绝对方这一方面要求的同时，如果能够尽量满足其他方面的合理要求来作为补偿，或是积极地替他出谋划策，建议他寻求更好的出路，让对方体会到你的火热心肠、殷切期待，则更易得到他人的谅解与友谊。

三、拒绝的技巧

（一）坦言相告

对于有些过分或无理的要求，当自己不能给予对方满足时，我们必须坦言相告，如果遮遮掩掩、拖拖拉拉，反倒令对方心生反感而产生不满情绪。直言是对人信任的表现，但是，有时直言可能逆耳，不能收到预期的效果。在这种情况下，要拒绝、制止或反对对方的某些要求、行为时，把拒绝的责任转嫁给对方所尊敬的或具有权威的人、组织以及某种制度等，直言由于非个人的原因（利用第三者说"不"）作为借口，即使对方明知是借口，也较为容易接受，起码面子上能过得去。

【案例1】 小静是某电视台广告部的业务员，她的表叔开了一家公司经销保健品。一天表叔找到了小静，同小静商量，能不能让小静在负责的节目段给公司的产品作一下广告，广告费用以产品的形式酬付。小静非常清楚，这种作法违反台里的广告播出规定，于是小静直截了当地对表叔说："这不行，不付广告费是不能做广告的。台里有明文规定，我没有这么大权力。"小静的表叔知道了这是台里的规定，也非常理解。

【案例2】 《三国演义》中，刘备借东吴荆州不还，东吴派诸葛瑾（诸葛亮的哥哥）来游说讨地。诸葛亮主动假意哭请刘备还荆州，刘备决意不肯听从，而又不肯背言而无信的名声，于是假意把关羽所辖的"三郡"还给东吴。当诸葛瑾向关羽讨地时，关羽道："疆土本大汉疆土，岂得妄以尺寸与他人？"断然加以拒绝。这里，诸葛亮巧借刘备拒绝，刘备又巧借关羽来说"不"，真是巧妙之极。

【案例3】 银行会计老金负责发放贷款。当拒绝的时候，他总是诚恳地说："从情分上说，我一百个同意，但制度不让呀！"对方只好作罢。

【案例4】 某报社的推销员登门要求你订阅他们发行的报纸,可你不想订阅。你可以很有礼貌地说:"谢谢。你们的服务很周到,可是我家已经订阅了其他几家报社的报纸了,请谅解。"

【案例5】 一位推销员挨家挨户推销闹钟,他叩开了一位主人家的门说:"先生您应该有个闹钟,每天早晨好叫你起床。"主人回答说:"我看不要买闹钟,有我妻子在身边就足够了,你大概不知道,她能到时就"闹"。"

【案例6】 一个推销员敲一名主妇的家门,向她推销产品。她态度礼貌而坚定:"我丈夫不要我在家门前未经他的允许买任何东西。实在对不起,请原谅。"说着点头微笑,把门关上。

（二）陈明利害

在遇到亲属朋友托办的事而无法办到的时候,要讲清道理,陈明利害关系,明确加以拒绝。这样,朋友会理解你,而你也会讲清自己的原则,大家以后也不会"麻烦"你了。

【案例7】 小辉的舅父是一家石油大厂的厂长。小辉同朋友一起合开了一家加油站,想让舅父给批点"等外品",这样可降低成本。舅父诚恳地对小辉说:"我是厂长,的确我打个招呼,你就可以买到"等外油"。但是,我不能为你说这个话,这是几千人的厂子,不是我厂长一个人的。我只有经营权利,没有走后门的权利。你是我的外甥,你也不愿意看到我犯错误,而让大家指指点点吧。生活上有什么困难,我可以帮助你,这个要求我不能答应,我不能用厂长的权力为亲属谋私利呀。" 小辉听了舅舅的话,什么说的也没有了,从此他再也不给舅舅找类似的"麻烦"了。

【案例8】 话剧《陈毅市长》有个片断,当陈毅分任上海市长后,他的岳父从乡下来到城里,理直气壮地要求女婿给安排个工作。陈毅一时犯难,答应吧就要犯错误,违反党的纪律;拒绝吧又怕老人生闷气。机智的陈毅于是先问老人:"是国民党好还是共产党好?"老人回答:"当然是共产党好,国民党腐败,一人得道,鸡犬升天!"陈毅立即抓住时机,引导老人:要是我陈毅给您老安排工作,也是腐败,共产党不能像国民党那样,否则也要垮台。

在本例中,老人本来很痛恨国民党政府拉关系、走后门的腐败现象,但是他在向陈毅提出要求时却只考虑到个人利益,不知不觉也走上了"拉关系'的路子。陈毅机智地提醒老人想到这一点,使他认识到这种做法会给共产党的形象带来损害,老人立刻醒悟过来,为自己的行为感到惭愧,于是自觉放弃了请求。

【案例9】 战国时期韩宣王想重用两个部下。他问臣僚摎留的意见。摎留说:"魏国曾因重用此二人而失去一部分国土,楚国也因重用此二人而失去一部分国土。所以,这两个人不久的将来会不会把我国出卖给他国呢?"韩宣王听了,决定不用此二人。

这里,摎留并没直接说:"不可重用此二人,只是将如果重用二人可能出现的后果点出来,让韩宣王自己裁夺。实际上,摎留已将否定的意见传达给韩宣王了。

（三）引荐别人,转移目标

面对朋友所求感到力不从心或主观不愿意相帮而想要拒绝时,你可以不表示自己能否帮忙,而是为其介绍另外几种解决问题的途径,并表明这比自己帮助要好得多。这样,对方不仅不会因为你的拒绝而失望、生气,反而会对你的关心、帮助表示感谢。

【案例 10】 老牛听说一家公司需要一名从事文秘工作的大学毕业生,想让自己的女儿去那里工作,可女儿是大专毕业,这家公司要求本科学历毕业生。恰巧老牛听说这家公司的经理与同科室的小王是同学,于是请小王从中帮忙。小王怕落下埋怨,不想帮忙,但又考虑到老牛的面子,于是对老牛说:"咱们科的小姜跟那个经理最好,上学时形影不离,你找他帮忙,这事准成。"看小王这么一说,不但回绝了老牛的请求,还为老牛指出一条"捷径",让老牛好一番感动。

【案例 11】 1949 年底,商务印书馆的董事长张元济先生,找到陈毅市长,要借 20 万元,以解燃眉之急。这位董事长已 80 高龄,而且德高望重,小时候陈毅就知道他的大名。当时全国刚刚解放,百废待举,拿出 20 万元有很大的困难。没办法,陈毅只有直截了当地对张元济先生说:"如果说人民银行没有 20 万元那是骗您。我不能骗您老前辈。只要打一个电话给人民银行就可以解决问题。您老这么大年纪,为了文化事件亲自赶来,理应借给您。但我想,还是不借给您为好,20 万元搞商务一下子就花掉了,还是从改善经营想办法,不要只搞教科科书,可以搞一些大众化的年画,搞些适合工农需要的东西,学中华书局的样子。否则不要说 20 万,200 万也没有用。要您老先生这么大年纪到处轧头寸,我很感动。对不起,我不能借这笔钱,借了是害你们。"

陈毅一席话,将张元济先生说通了,他高兴地说:"我完全接受你的意见,我不借钱了。你的话是对我们商务的爱护,使我很感动。"

【案例 12】 蔡老师是一个班主任,她的儿子今年要中考,负担挺重,恰巧班上新转来一名学生,课程拉下了一段,学生家长很信任蔡老师,想请蔡老师为孩子补课。蔡老师腾不出身,很不好意思。对家长说:"真对不起,我实在腾不出身来,这样吧,我有个小侄女也是老师,让她帮助补一补可以吗?"家长听了很高兴。

(四)缓兵之计

对方提出请求后,不必当场拒绝,可以采取拖延方法。你可以说:"让我再考虑一下,明天答复你。"这样,既赢得了考虑如何答复的时间,也会使对方认为你是很认真对待这个请求的。

【案例 13】 张蕾一心想当一名记者,于是想从学校调到某报社工作,她找到了她小学老师的丈夫——某报社黄总编,黄总编也了解张蕾是正宗的中文本科毕业生,但报社超编严重,于是对张蕾说:"刚刚超编进来一批毕业生,短期内社里不会研究进人的问题了,过一段时间再说吧。"黄总编没说这事绝对不行,而是以条件不利为理由,虽然没有拒绝,但为后来的拒绝埋下了伏笔。

【案例 14】 小王想观摩一位特级教师上课。教师出于谦逊婉言谢绝,他说"行啊,说开课就开课。不过这课要开得成功,开得学生、老师都满意,还得符合教改精神,得让我好好考虑考虑教学方案。看来你得给我一年时间。这 365 日我得天天想,多痛苦啊"。

第七章 拒绝的技巧

【案例15】 有一次庄子向监河侯借贷,监河侯敷衍他。说道:"好!再过一段时间,等我去收租,收齐了,就借你三百两金子。"监河侯不说不借,也不说马上就借,而是说过一段收租后再借。这话含有多层意思:一是目前没有,现在不能借;二是我也不富有;三是过一段时间不是确指,到时借不借再说。庄子听后已经很明白了,但他不怨恨什么,因为监河侯并没有说不借给他,只是过一段时间再说而已,给了他希望。

【案例16】 甲:你今晚到我家做客好吗?

乙:今天没时间,下次吧,到时候我打电话通知你。

乙没说"不去",而说以后去,到时候通知甲,甲自然知道乙的本意。

(五)故意不懂对方的暗示,转移话题

当对方提出某项事情的请求,你不能满足,这时你可以有意识地回避,把话题引到其他事情上。这样,既不使对方感到难堪,又可逐步减弱对方的企求心理,对方通过你的谈话,感觉到你是在拒绝,这样就达到你的目的。也可以装作不懂对方的潜台词,自诉难处,委婉拒绝对方。并非每个人都会直截了当地提出请来,很多人碍于面子不好直接说出要求,你就可以故作不懂对方暗示,岔开话题。

【案例17】 两个打工的老乡,找到城里工作的李某,诉说打工的艰难,一再说住客店住不起,租房又没有合适的。言外之意是要借宿。李某听后马上暗示说"是呀,城里比不了咱们乡下,住房可紧了。就拿我来说吧,这么两间耳朵眼大的房子,住着三代人。我那上高中的儿子,没办法晚上只有睡沙发。你们大老远地来看我,不是应该留你们在我家好好地住上几天吗?可是做不到呀!"两位老乡听后,就非常知趣地走开了。

【案例18】 在舞厅里,一男青年问初次见面的舞伴:"你今年多大了?"女伴答道:"外边是不是下雨了?怎么有点凉呢?"男青年知趣地不再问了。

(六)先赞扬,然后再说"不"

【案例19】 有一个漂亮姑娘经常收到别人的求爱信。一天,有一个从不认识的人找上门来求爱,她友好地说:"你给了我作为一个女性最高的赞赏,但是,我只能接受一个人的情爱,你迟到了一步,请原谅我不能接受你的感情。"那人听了后,说声"抱歉"就礼貌地退出了姑娘的房间。

这里,如果姑娘毫不留情地说:"我不认识你,别来缠我!"或者说:"真不害臊,连认识都不认识,就向姑娘求爱,快给我滚开!"那么,结果就难以收拾了。可姑娘非常聪明,首先表示了对对方求爱的尊重,使对方的自尊心得到满足,然后说出拒绝的话,使他毫无怨恨地离她而去。

(七)请君入瓮法

先设法引出对方说出"不",然后再说出自己的"不",对方就很容易接受。

【案例20】 美国的罗斯福总统曾在美国海军里担任要职。一天,他的一个朋友问他关于在加勒比海一个小岛上建立潜艇基地的计划。罗斯福向四周看了看,压低声音问对方:"你能保密吗?"对方忙回答:"当然能。"罗斯福接过话来:"那么,我也能。"二人哈哈

大笑起来。

深得此法之妙的是罗斯福戏剧地引出对方的"不"（不能泄密），然后顺水推舟地说出了自己的"不"（也不能泄密），风趣幽默，令人叫绝。

（八）诙谐幽默

【案例21】 有一个人爱占小便宜。一天，他到一个同事家做客，看到茶几上一个精巧的小烟缸，便说："这小烟缸精巧是精巧，但颜色不太适合，不如给我配我家的茶几。"主人道："你不如连茶几一块儿扛走，因为是为了放这小烟缸我才买的这个小茶几。"他听了后，只好作罢。这里，主人没说"不给"，却扩大原话题，请对方连茶几也扛走，对方不可能要茶几，自然也就不好再要小烟缸。

在对方提出问题后，机智地以诙谐幽默的笑话作遮掩，避开实质性问题的回答，从而传达出自己否定拒绝的态度。

【案例22】 在联欢会上，大家热情地请王某当众演唱，王某说："大家看，我的嗓子比我的腰还粗9毫米，让我唱歌不是赶鸭子上架吗？为防止震坏大家的耳膜，保护大家的身体健康，我还是念一首抒情诗吧！"大家在笑声中同意了王某的要求。

（九）含蓄说"不"

1. 另有选择

甲：这本书很不错，你觉得怎样？

乙：是的，很好，不过我更喜欢……

例中，乙并没有说那本书不好，因为对方已有赞美之辞在先，若直言否定，对方必定感到难为情，甚至要与你大辩一场，以保护自尊心。他先肯定对方，然后表示"更喜欢"另一书，否定主意已含在话中了，但对方不好再说什么。

2. 回避法

A：你觉得我的礼服漂亮吗？

B：有意思。

B本来不认为A的礼服漂亮，但直说又有伤对方的自尊心，因此避开问题，含糊地说"有意思"，实际上已否定了对方。其实这是一种利用无效回答来暗示对方自己否定意见的方法。

有时，客观情况要求我们必须说出"不"字，明确表达否定的态度。但是，采用的方式方法不同，效果是不大相同的。

四、拒绝注意点

（一）学会在"不"之后附加补救的言辞

A：今晚到我家来吧。

B：不行，今天太忙了，有很多事要做的，实在脱不开身。

虽然，单说一个"不"，刺激性太大，很容易引起对方的不快，加上补救的话就可以化解这种不快。有人说这是"'不'的善后服务"，是在"不"的断然的语气外面涂上了糖衣。有时，我们在仓促之间，"不"脱口而出，这时更需注意补救。

（二）忌说话绵软无力

拒绝别人时若说话绵软无力甚至哼哼叽叽半天讲不清楚，会让人很容易产生一种厌恶，认为你不是帮不了他，而是根本不想帮他，因为一般而言只有心虚的人才会如此吞吞吐吐。

（三）忌热情过头

既是拒绝别人就认真说出理由，之后无论表示惋惜也好，无奈也好，别人不乐意，但也不能对你的拒绝妄加指责，但你若为了弥补对方，一个劲地说"可惜可惜"、"下次下次"、"一定一定"，则未免有些虚伪。

（四）忌借口不当

有些人不想直接说"不"，便随便找些不值一驳的理由来暂时搪塞对方，以求得一时的解脱。这个方法并不好，因为对方仍可以找理由跟你纠缠下去，直到你答应为止。比如你不想答应帮某人做事，推说："今天没有时间。"他就会说："没关系，你明天再帮我做好了，事情就拜托你了。"又如你要拒绝对方想转让给你的一件衣服，你推说："钱不够。"那么对方会说："钱够了再说好了。"就把你轻易应付过去了。或者你不愿意和对方跳舞，推说："我跳不好。"那么他一定会说："没关系，我慢慢带着你跳好了。"因为这些都是小小的谎言，一经反驳，你定有所慌乱，"不"的意志便很难贯彻了。所以对付这种情况，你倒不如直截了当地用较单纯的理由明确地告诉对方："你托办的这件事办不到,请原谅。""这件衣服的颜色我不喜欢，很抱歉。""我已经另约了舞伴，不能跟你跳，对不起。"等等。

这样虽说显得生硬些，但理由单纯明快，不会给对方可乘之机，倒可以免除后患。

五、演练题

【演练1】

小李的学校处于一个旅游城市，一年求学下来，亲戚、朋友、老师、同学一个走了一帮来，招待、陪同，应接不暇，焦头烂额。这天，一个久未联系的同学又突然给他打来电话，双休日想上他这儿玩，希望他当好导游，并全程陪同。

请用不同的说辞拒绝而不伤和气。

【演练2】

下面是一商场经理与一家电公司的销售经理的一次有关彩电生意的谈判：

谈到价格，家电公司的销售经理提出要以对方再批发一批冰箱作为彩电价格优惠的条件。商场经理经过考虑后，对销售经理说："谢谢您的推荐与关照。可是我们已与其他公司签订了批发冰箱的合同，而且目前我们仓库里还有很多存货，要再进货，一来我们周转资金有限，二来我们内部有一条规定：凡是超预算的订货，要领导班子集体讨论。现在另两位经理出差去了,实在对不起。这样吧,我们今后如需再订合同,会与贵公司联系的。"

设想你作为学校的总务处长,在订购学校的办公设备时,在推销员答应适当减价优惠,但要求学校同时订购一批较先进的课桌椅时,你如何婉言谢绝这位热情、文雅的推销员?

【演练3】

下周就要大学英语四、六级统考。小王把双休日的复习计划排得满满的,他要做最后的冲刺。而他的几个最要好的同学却信奉轻轻松松进考场的箴言,一大早就来邀小王去南普陀游玩,小王不同意他们的意见,同他们商量道:"南普陀我一直想去,但是今天我实在太忙了,实在遗憾,过些时候再去,好吗?"好友们领会了他的意思,并不介意,自己结伴去玩了。

设想和你关系甚好的一个大学同学,英语四级考了几次都没有通过,眼看就要影响毕业,无奈之下,他求到你,希望你行侠仗义,代考一次。你如何陈词才能既达到拒绝的目的,又不伤害双方多年的友谊?

【演练4】

根据下列题目,做拒绝技巧的练习。

1. 有人向你了解同事小郑的情况,你由于种种原因不喜欢小郑这个人,你实在不想回答,怎么说"不"?

2. 舞场内,有一个很讨厌的人向你的座位走来,显然是想约你跳舞。你不想同他跳,那么你怎么表达这个"不"?

3. 小张给小李打电话,请他参加周末晚会,小刘说:"我没时间,不去。"小张一下把电话摔下,从此再不与小刘交往了。

你若是小刘,怎么说这个"不"呢?

4. 商店售货员小周的一个熟人来商店买缝纫机,他把购台前的缝纫机挑个遍,还不满意,又要求小周领他到后面的仓库里去挑;小周说,"这可不行。"他一听火了:"太不给我面子了!"说完拂袖而去。

你要是小周,如何拒绝他?

5. 二楞结婚时大操大办,欠了不少债,婚后还病了几天。为此,他向工会老刘申请领救济金。这显然不应该给,你认为老刘应如何予与拒绝?

6. 老赵给小刚介绍一个对象,二人见面后,第二天老刘问小刚是否同意继续相处,小刚说到:"不行,太矮了。"老刘听了很不高兴,以后再不管小刚的事了。

你认为小刚的"不"说得有什么毛病?你要是小刚,你怎么说?

7. 一位母亲领着女儿上街,女儿看中一件时装,要求母亲给她买一件。母亲一时手头紧张,不能给女儿买,说:"这衣服有什么好看的,别买了。"女儿听了后闷闷不乐,母女俩再无心逛商店了。

你要是这位母亲,你怎么说?

8. 小黄正在屋里工作，楼上他的朋友的两个女儿跺脚喊他上去教她跳舞，小黄答道："我正在忙，哪有时间教你们跳舞？别跺脚了。"两个女孩子以后见他再不笑脸相迎了。你要是小黄，你如何拒绝她们俩的要求？

六、补充案例（教师可设计问题，供学生学习分析）

【案例1】

一经理想和一教授交朋友。经理热情地说："今晚6点，我请你在汉通吃饭，我们好好聊一聊。"事情不凑巧，教授恰好有事，于是，他诚恳地说："对你的邀请，我感到非常荣幸，可是我晚上有个讲座，实在无法脱身，真抱歉。"

【案例2】

杰琳娜已经向凯迪借过几次钱了，但从不见她还钱。有了钱后，杰琳娜不是逛街买高级服装、化妆品，就是上饭店吃饭、拜访朋友，日子过得滋润、舒适。这天，她又开口借钱了。凯迪思忖半晌后，回答道："我很希望帮你的忙，但是，现在我已经无能为力了，我帮不了你了，真的不行。"

【案例3】

我国著名语言学家吕叔湘先生，有一次给研究生讲治学经验，足足讲了两个半小时。在准备结束的答问中，一位研究生突然问道："吕老，当前现代汉语语法研究的现状如何？"这个问题委实太大了。当时，吕老已82岁高龄，急需休息。吕先生微笑着对研究生说："你不让我回家吃饭了，是不是？"

【案例4】

小颖想要拒绝别人交给她的额外任务，她可能这样说："我很愿意帮你的忙，但很不巧，我手头的工作还没忙完，等忙完了这一阵，我一定帮你的忙"；也可能那样说："这项方案看起来很有意思，我很喜欢。但是，如果要在周末做，我就没有时间了。可不可以再往后延一些时间，让我先把手头这项工作结束，然后再与你讨论。"或者表示同意，但是让对方知道，她做的可能不尽如他们所愿："我可以很快浏览一下，并给你意见。但是，我没有时间仔细研究并给你一份书面报告。"

【案例5】

大学生小刘是个"月光族"，每月的生活费总是前松后紧。这不，他又出现了"经济危机"，在向老乡小吴求援："小吴，钱多不多？如果多的话，能否先借我点解解燃眉之急。"小吴双手一摊，抱歉地说："刘老弟，这几天我也出现了'财政赤字'，正日夜盼着父母'赞助'呢！我是心有余而力不足，真是不好意思！""没关系，没关系，"小刘哈哈一笑"我再找找别的老乡。"

七、教学法建议

（一）本章建议6课时完成

（二）教学法建议

1. 在上本章之前，可以让学生就自己被拒绝或者拒绝别人的亲身经历，谈谈成功或失败的感受。

2. 本章可以与"说服的艺术"结合起来，一起进行情景模拟练习：请两个同学就某事模拟，一方扮演说服者，另一方则表示拒绝，看看最后是否能拒绝对方。在完成模拟后，再请其他学生进行点评，最后教师进行点评。

3. 本章节可以提前两周布置给学生，由4~5个学生组成一个团队，通过查找材料，写出教案，制作课件，由学生自己组织教学，这样既锻炼学生的口才能力，也锻炼学生团队协作能力等其他综合能力。学生上台讲课后，教师应一一点评。

第八章 问答的技巧

本章概述 沃纳·海森堡说,"大自然从不轻易泄露自己的秘密,她只会对我们的提问做出回答",在人与人的交流与沟通中,为了获得信息、传递资料、交流情感,沟通者之间常常要进行"提问"与"回答",在一问一答之间,完成了信息的传递并回答疑问。但是,在现实生活中,部分沟通者之间常常出现"错问"、"问错"或者"错答"、"乱答"的现象。本章主要探讨问与答的作用、问与答的基本原则、问与答的技巧以及问答中所要注意的事项。

一、问与答的作用

(一)掌握提问技巧的作用

中医讲究的望、闻、问、切四种疗法,在人际交流过程中,同样适用。提问者必须掌握察言观色的技巧,学会根据具体的环境特点和谈话者的不同特点进行有效的提问。掌握提问技巧有以下三个作用。

1. 有利于把握回答者的需求

通过恰当的提问,提问者可以从回答者那里了解更充分的信息,从而对回答者的实际需求进行更准确的把握。

2. 有利于保持沟通过程中双方的良好关系

当提问者针对回答者的需求进行提问时,回答者会感到自己是对方注意的中心,他(她)会在感到受关注、被尊重的同时,更积极地参与到谈话中来。

3. 有利于掌控沟通进程

主动发出提问可以使提问者更好地控制对话沟通的进度,以及今后与回答者进行沟通的总体方向。一些经验丰富的提问者总是能够利用有针对性的提问来逐步实现自己的询问目的和沟通目标,并且还可以通过巧妙的提问来保持友好的关系。

(二)掌握回答技巧的作用

回答问题是沟通过程中的重要环节之一,有效的回答建立在对提问者的观察、了解的基础之上,具有以下四个作用。

1. 有效回答问题能够使提问者的疑问得到解答

当提问者提出问题时,或许期待关于沟通话题的更多内容,或许希望与回答者就某些问题展开辩论。回答者的角度就是要解答提问者的疑问,通过成功解答问题,可以增强回答者的讲话的说服力，使对方不但获得信息，而且心悦诚服。

2. 有效回答问题能够使回答者获得进一步的展示

回答者在回答问题时，更使自己继续立于讲话者的角度，他（她）拥有提问者所不具备的优势，通过回答的系统性与连贯性，使回答者自身的能力与学识获得进一步的展示，获得沟通对象的认可。

3. 有利于减少与沟通者之间的误会

在与提问者沟通的过程中，很多回答者都经常遇到误解提问者意图的境况，不管造成这种问题的原因是什么，最终都会对整个沟通进程造成非常不利的影响。因此，回答者应该根据实际情况进一步了解，弄清提问者的真正意图，然后根据具体情况采取合适的方式进行解答，以减少沟通中的误会。

二、问答的原则

（一）提问的原则

1. 提问目的的鲜明性。在提出疑问的时候，要带着鲜明的目的性而提出问题。或者为了寻找答案，或者为了引导对方进一步说明问题，或者作为问题的假设和可能……这些都是提问的目的。鲜明的目的，能够让提问变得有效；然而，鲜明并不等于完全的直接，在某些情况下，通过旁敲侧击或者"曲线救国"反倒会比直接询问更有效果。此外，还应注意在旁敲侧击、"曲线救国"的时候，一定要紧扣提问的目的，不能迷失于连环的询问中，而失去根本。

2. 提问方式的多样性。在提问过程中，不要拘泥于一种提问方式，单一的提问与回答的形式会使沟通变得不自然、不活跃，会影响到回答者的思考模式。提问的方式要多样，要根据不同的沟通内容、不同的沟通目的、不同的环境，使用不同的提问方式。如提前给出问题，让回答者进行准备，有利于获得相对完整和系统的回答；在现场沟通中进行提问，则可以得到直接而相对真实的回答。连环式的提问具有引导作用；跳跃式的提问则可以开拓思维；设问式的提问可以给出以问为答；反问式的提问则具有权势的威压……

3. 提问语言的简明性。提问的语言不宜过长，要通俗、干净、利索，不要拖泥带水、含糊其辞，但应具有启发性和诱导性。提问中的语言必须能为对方所能理解，同时要注意提问中不要提一些"是不是"、"对不对"等不需要动脑，冲口而出的问题，因为得不到正确的或者提问者想要的答案。

4. 提问难度的量力性。提出的问题要与沟通的内容相关，不要出现风马牛不相及的"怪问"，也不要出现重复的"错问"，同时，提出问题的难度要具有量力性，必须考虑到沟通对象的年龄特征、知识水平和接受能力。一般说来，低难度的问题是针对较为具体的特殊的事例，中难度的问题则可以是一些抽象的带有一般规律性的问题，高难度的问题则是以开放式为特征，考量回答者的综合素质。在对群体提问时，难度应控制在中等水平，以大多数的回答者经过思考能够回答为前提，既不要过于简单，也不要过于繁难。

（二）回答的原则

正如在讲话过程中要把握住要点一样，在问答过程中要把握问答的要点同样重要。如果无法做到的话，说话者就会失去了说服听众、主导话题的重要机会。因此，在问答过程中，尤其是回答问题的过程中，要始终应坚持三条原则，从而把握住话语的主动权。

1. 始终保持回答者的信用

确保自己在回答每个问题时都能保持严肃认真、谦虚礼貌的态度，正确的态度会带来鲜明的回答内容与性格，从而使回答者的保持自信。如果回答者在提问者的心目中失去信用，那么在整个沟通的过程中都将处于被动的局面。如果在回答问题的过程中情绪失控或者对听众心存戒备，都将导致回答者的主导地位受到置疑。

2. 用回答来满足听众

面对众多的提问，回答者不必回答所有问题。不要在一个人身上花费太多时间。不过很可惜，大部分回答问题的人都希望能从所有听众那里都看到满意和赞许的眼神，于是刻意地将时间花在一个问题上，从而失去了对其他人、其他问题的解答。因此，回答者在面临很多个问题的时候，要学会用一种可以平衡所有对象的方式来解决问题，眼神不要停留在一处太长时间，保持对整个会场的关注。对问题太多的人可以说，"你问了一个非常有深度的问题。可是因为我们有许多听众都有需要解答的问题，我回答问题的时间又非常有限，所以可不可以把机会让给别人？"这样可使得既不失礼貌，又能使正常的进程得以继续。

3. 力求获得其他的听众的支持

尊重提问者，让提问者获得持续的尊重，而给予回答者一定的时间和耐心。如果一次被问到过多的问题，比如，"我怎样才能解决人员不足、空间不足、老板也没有给予我足够的信任的问题？"回答者以这样回答，"你问了3个非常好的问题，可是因为还有其他的听众要提问，就让我先回答一个吧，如果我们还有时间的话再来解决剩下的问题好吗？"用这种方式，即使你只回答了其中部分问题，仍旧能够使听众满意。并且，听众将会对回答者产生敬意，因为没有让一个人独占了大家有限的时间。

如果回答者被问到一个偏离主体的问题，那么回答者可以停顿一下，然后问，"在座的其他人还有类似的问题吗？"如果没有的话，就简要地回答一下这个问题，并且告诉提问者自己很愿意在讲话结束后留下来同他进一步探讨这个话题。这个办法在回答那些怀有敌意的提问者时也很有效。

三、问答的技巧

（一）提问的方式

1. 正面提问法。提问者从正面直接提问，开诚布公、干脆利落、直截了当地讲明询问目的，开门见山地提出问题。

在运用正面提问法时要注意情感的铺垫，使对方心理上会舒缓一些，也能合作一些，同时防止提问过于直白的提问，以免显得过分生硬，容易造成询问对象的心理排拒，难以获得有价值的信息和材料，而且还会给人一种笨嘴拙舌的感觉。

2. 迂回提问法。迂回提问是指从侧面入手，采用聊天攀谈的形式，然后逐步将问答引上正题。这种提问方式一般时间性不太强，谈话也不受特定场合与报道方式的限制。当沟通对象感到紧张拘束，或者思想有所顾虑不大愿意交谈，或者虽然愿意谈，却又一时不知该怎么谈的情况下，提问者可以采取侧面迂回的提问方式，逐渐将谈话引上正题。应当明确的是，旁敲侧击只是一种手段而不是目的。因此，聊天的内容应当是有目的、有选择的，表面上似乎和采访无关，实质上应该是有关联的。

3. 诱导提问法。当遇到询问对象了解许多信息，却因谦虚不大愿意说，或者由于性格内向不会说，或者要谈的事情需要一番回忆，或者对方想说又不便自己主动说等情况时，都可以采取诱导提问方法。采用启发诱导的方式，可以引导对方的思路，又可以诱发对方的情感，进一步引导对方明确沟通的范围和内容，渐渐打开对方的"话匣子"，也可以激活对方的思路，引起对方的联想，从而有针对性地把沟通对象掌握的信息引导出来。

4. 追踪提问法。所谓"追踪提问法"，是指提问者把握事物的矛盾法则，抓住重点，循着某种思路、某种逻辑，进行连珠炮式的提问。这种提问既要按照事物的内在联系，把基本情况和事实真相了解清楚，又要抓住重点，深入挖掘，达到应有的深度。一般来说，提问者对于触及事物本质的关键性材料，以及对方谈话中的疑点，或者从对方谈话中发现的有价值的新情况、新线索，往往会抓住不放，打破沙锅问到底，直至水落石出。但是追问，既要问得对方开动脑筋，又要让对方越谈越有兴趣，在态度、语气都要与谈话的气氛协调一致，不要把追问搞成逼问，更不要变成变相"审问"。

5. 假设提问法。假设提问法是指提问者通过假设的方式提出一些假设性的问题，是一种"试探而进"的提问方法。这种提问方法采用"如果"、"假如"一类的设问方式，不但可以了解采访对象的观点、看法和见解，而且还能深入了解对方的内心世界。

假设提问法往往用来启发沟通对象的思路，引导对方谈出对某个问题、某种事情的真实想法，或者设身处地地为对方着想，积极帮助对方回忆某种情景，或者用来调节对方的情绪，促使对方谈出一些不大想说、不大好说的事情或想法，或者由提问者对人物或事物进行合乎规律的推断、预测，促使对方产生联想和想象，或者提问者已经有了一定的认识，再提出一些假设性问题，同沟通对象开展讨论，促使自己认识的深化。

6. 激将提问法。激将提问法是指以比较尖锐的问题，适当地刺激对方一下，促使对方的心态由"要我说"变为"我要说"，从而不能不说，甚至欲罢不能。运用激将提问法时，提问者要考虑自己的身份是否得当，刺激的强度是否适中，还要考虑谈话的气氛怎样。有些时候尖锐、刁钻、奇特，甚至古怪的提问，是"兵行险招"，成则大成，败则大败。例如某些西方政治家，也爱接待善于用"激将提问法"的记者，他们通过巧妙地回答记者的刁钻刻薄的提问，能够在公众面前显示自己的才能。意大利女记者奥琳埃娜·法拉奇，就是以在访问中敢于提出尖锐的问题而著名的。

7. 错问提问法。错问提问法，是指"以误求正法"，即指提问者故意提出错误的问题，以考察、试探、激发采访对象，以便了解真实的材料，探求事实真相。需要注意的是，运用错问提问法，可能会造成采访对象的某些误解。因此，在沟通结束时，提问者应当说明原因，消除误解，以免留下后遗症。

8. 插入提问法。插入提问法就是在沟通过程中，做必要而适当的插入。比如重复、强调采访对象说的某个重要问题或某句关键性的话；纠正对方的口误；对方没有讲全，需要及时补充的内容；对方没有谈到，需要及时提醒的内容；尚未听清、听懂的话，等等。在沟通过程中，插入提问法可以使沟通双方有效地抓住有价值的材料。

9. 协商提问法。协商提问法以征求对方意见的形式提问，诱导对方进行合作性的回答。在协商型提问的时候，一般已经是针对某个既定的事实进行确认，但是不使用强硬的语气，对于回答者会比较容易接受。在协商型提问中，即使有不同意见，也能使沟通双方保持融洽关系，双方仍可进一步洽谈下去。如："您看是否明天一起去厦门南普陀？"

10. 限定提问法。人们有一种共同的心理——认为说"不"比说"是"更容易和更安全。所以，在一般在沟通过程中，提问者向回答者提问时，应尽量设法不让对方说出"不"字来。提问者在问题中给出二个或多个可供选择的答案，此时可采用限定提问法，既两个或多个的答案都是肯定的。如与别人订约会，有经验的提问者从来不会问对方"我可以在今天下午来见您吗？"因为这种只能在"是"或"不"中选择答案的问题。如果将提问方式改为限定型，即改问："您看我是今天下午2点钟来见您还是3点钟来？""3点钟来比较好。"当他说这句话时，提问的目的就已经达成了。

11. 转借提问法。转借提问法是指提问者假借他人之口提出自己想提的问题。这种提问，不但可以借助第三者提出一些不宜于面对面提出的问题，而且可以显示出问题的客观性，增强提问的力度。回答为了澄清事实，以正视听，也往往会表明自己的态度或提供相关的事实。

12. 质问提问法。所谓"质问提问法"是指提问者对持有敌意或持对立观点的以及固守错误的沟通对象提出质问的方法。这种提问，无论对方是什么态度，也不管对方怎么回答，甚至对方拒绝回答均能成为提问者所需要的材料。当然，在进行质问时，即使问题提得尖锐，态度仍然要冷静，要出言严谨无懈可击，并从气势上和问题的强度上将采访对象置于绝境，迫使对方别无选择，只能如实地对所提的问题做出回答。有些时候，质问提问法可以出其不意地从一个较偏的角度去发问，以引起沟通对象对问题的重视和的关注，或者促使对方心理上的高度集中，从而认真地回答问题。

提问的方法丰富多样，提问者都可以根据沟通中的具体情况，灵活地加以运用。同时，这些方法既相对独立，又是互相联系的。它们可以单独使用，可以交替或交叉使用。在掌握了每种方法的要领，就可以在沟通的过程中运用自如，获取最佳沟通效果。

（二）回答的技巧

1. 得体的举止，奠定回答的胜局

在受到提问者聆听和回答问题的过程中，得体的举止甚至比后期回答的言语还要重要。尤其聆听完之后开始回答问题前，一定要预先调整好自己的语气，注察周边环境的气氛，从而向提问者传递一个积极的信号，让对方也感觉到回答者正在以非常积极的态度对待他们的提问。

2. 听清问题，快速理清思绪

回答问题要以听清或理解问题为前提。含糊不清的问题对于问答双方都是一个陷阱。有时候，回答者在未能完全听清或肯定理解这个问题之前就急于解释，却因为太熟悉它们才产生立即就做出回应的冲动，结果答非所问，文不对题。聪明的人一般会进一步发问而获得明确的信息。比如，有人问，"您认为一位公司员工应该在他的事业上投入多少时间？"一个聪明的讲话者会首先通过反问澄清这个问题，"您的意思是在正常的工作时间之内吗？"

在听清问题之后，要迅速理清思绪，作好回答准备。首先第一步要分析问题的目的，明确回答或者不回答，有些问题是因为某个好争辩的"家伙"正在考验回答者的辨别能力，有些问题则是故意寻衅滋事的家伙不断地干扰，有些时候则是回答的确需要时间思考，就可以礼貌地提出建议，"是否我们可以会后再讨论这个问题？"在明确问题是否回答后，迅速在脑海中列出回答的顺序，包括了回答的第一步以及后续的回答思绪。

3. 礼貌开场，缓和问答气氛

回答问题的开场多种多样，回答的方式也多种多样。有些回答者总是习惯在听完问题后以一种赞许的语气表示感谢："这个问题很有深度"或者"你的提问触及了问题的实质"，以此来建立一种和谐、融洽的气氛。即使问题听来真的有些刻薄，回答者仍旧可以表扬提问者："我们总是能够盼到直中要害的问题。"当然，这种技巧也应慎用；如果回答者从一开始就表扬每一位提问者，则可能被听众怀疑为不诚实，故而要尽量使用不同的形容词和语句："这可真是个棘手的问题。""你的这个问题问得恰到好处。"或者"我希望有人会这样问。"当然，没有条文规定回答问题的人必须表扬每一位提问者，毕竟回答好问题才是最重要的。

4. 多种方法，有效回答问题

在了解对象、理清思路后，可以采用多种的回答方式回答问题，包括了直接回答法、附和回答法、报告回答法、反问回答法和跳跃回答法。

（1）直接回答法。直接回答法是对正面回答问题的方式。直接回答包括了随口回答和巧妙回答两类。随口回答是指有些问题过于简单或者让回答者提不起回话兴趣，因此应付了事，直接做出反映，或者是沟通的内容很简单、无创意、无建设性，问话和回答的目的仅仅为了聊天，于是随口直接回答。巧妙回答则是指在沟通中正面回答问题，以积极的参与意识和努力提高沟通质量的能力，使双方通过问答产生应有效益，达成应有的目的。

（2）附和回答法。有些提问者，在提出问题的时候，本身已有自己的主张；提出问题出来，不过是希望回答者能够给出一定的肯定，或者附和，从而明确自己的判断。面对此类问题，可以采用附和回答法。在进行附和回答之前，判断清楚问题的类别以及提问者的对象，从而进行配合。

（3）报告回答法。对于有些开放式的问题，尤其是来自于上级或者客户的问题，一个疑问可能需要很多的语言，甚至长篇大论来回答，此时建议使用报告回答法来回答问题。对于即将回答的问题，在脑海中甚至是书面上列出提纲，回答问题时逐条逐条进行充实。在使用报告回答法的时候，要注意内容的精简，要点的突出，尤其要注意语速、语音的控制，使提问者不至于在听取报告的过程中失去耐心与兴趣。

（4）反问回答法。当有些问题，回答者自身还没有得出结论，或者回答者不愿意回答，则可以使用反问回答法。反问回答法，可以将提问者的问题进行引申或者转化，使问题的表现进一步明确，或者进一步弱化，从而使回答者能够针对新的问题进行回答。必须注意的是使用反问回答法之前，要顾虑到提问者的感受及本身特性并决定是否将问题反弹回去。

（5）跳跃回答法。跳跃回答法，是指在回答问题时，并没有从提问的角度直接进行回答，而是围绕着沟通的主题，并使用一个新的角度，甚至看起来是"答非所问"的角度进行回答。跳跃回答法能够激发人和人沟通的欲望，利于问答双方之间的互相启迪，使沟通过程的相互配合和沟通话题的实质性得到落实。

（6）转嫁回答法。转嫁回答法适用于一些特殊的场合。例如：回答者被问到一个非常专业的问题，但回答者知道在场的某位人士恰好是这方面的专家，那么回答者可以将问题转嫁给他："这是一个很好的问题，但这超出了我的研究领域。或许这方面的专家××先生可以给你解答。"这样回答者既满足了提问者，又赢得了那位"转嫁"回答问题者的支持。

四、演练题

【演练 1】
设想几个情景中，以开门见山的方式进行提问。

【演练 2】
请看课堂上的一个片断——

一个学生问老师："毛主席在 60 年代号召学雷锋，现在已经是 21 世纪，学习雷锋还有什么价值？不是大傻瓜吗？"

老师向学生反问了一个问题："如果你夜间同妈妈一起行走，突然妈妈旧病复发昏倒在地上。这个时候，你是需要钱呢？还是需要雷锋式的'大傻瓜'帮助你把妈妈送到医院？"

假设你作为一个老师，现在一个学生问你："老师，你喜欢钱吗？"你将怎么回答，才能既不落俗套，又显得你言谈不俗呢？

【演练3】

假设你身处一个招聘会现场，面试官问你："你认为你有什么缺点吗？"针对这样的问题，你该怎么回答？

【演练4】

设想你在辩论场上——

辩题：正方　美是客观存在

　　　反方　美是主观感受

正方：请问对方三辩，我美不美？

如果你是反方三辩，你该如何回答，才能博得大家的掌声？

【演练5】

在一个大学生宿舍中，你的舍友对假期归来的你说："你的体重好像又增加了5公斤，是不是？"你应该怎么回答？

【演练6】

在一个大学生宿舍中，你的舍友对刚刚购买并试穿了新裙子的你说："这就是你的新裙子吗？怎么看上去像用来做椅套的家具布？"你应该怎么回答？

【演练7】

假如你是一位记者，将要访问的是一位国企的老总，讨论的问题是关于其企业正在进行技术改革，请进行问题预设。

【演练8】

假设你是一个求职者，请对考官提出的以下问题进行回答。

1. 简要介绍一下自己。
2. 你对自己过去的学习、生活的总体评价是什么？
3. 到目前为止，你觉得最为遗憾的事情是什么？
4. 你觉得自己做得最成功的一件事情？
5. 如果你无法被录用，怎么办？

五、补充案例（教师可设计问题，供学生学习分析）

【案例1】

北京远郊区有个山村的群众吃水很困难。后来，在当地政府的关怀下，村民都用上了自来水。记者采访一位老大娘时问道："大娘，您吃上自来水了，高兴吧？"大娘回答说："高兴！高兴！"这次采访，记者就提了这一个问题，大娘也就连着说了两个"高兴"，心里有话却因记者的直白而没能说出来。如果问："大娘，原先您想到过吃自来水吗？"或者"大娘，听说你们过去吃水好困难？"大娘心里的话就能痛快地说出来。

【案例2】

原山西电视台记者高丽萍，1987年在采制专题片《重访大寨录》时，她先和郭凤莲聊天。郭凤莲一听说要采访当年大寨的模范人物，就急切地说："采访别人我没意见，我是不愿意接受采访，我再也不想上电视上报纸了。"记者问她为什么，她说："前几次有的记者找我，我正好有急事要办不在家，就说我拒绝采访，躲着不见，还有人说我对三中全会的政策不满。我根本没意见，大寨人现在不就是靠三中全会的富民政策富起来的吗？一听他们那样说我，我就生气。"

高丽萍看到对方说到这里，还是一副气鼓鼓的样子，就对她说："我理解你的心情。可我觉得要让人们真正了解你和大寨人今天的情况，就得你们自己出面说话，大家才信。现在你又不接受我的电视采访，观众怎么能知道你是如何看待三中全会的政策，更不知道你的近况如何了，你说呢？"果然，这入情入理的一激很有效，郭凤莲马上就说："那好，你就采吧。可我从哪说起呢？"当下，记者就给她出了主意，对方也爽快地接受了采访。

【案例3】

化解"麻烦"问题。

讲话如战场，形势瞬息万变。不经意间你可能就发现自己已经被问到一个将自己陷入困境的问题。这里是一些这种类型的问题和你可以迅速、专业地做出回应的方式。

【案例4】

回复带有倾向性的问题。

问：这条声明对你们公司造成了什么样的损害？

答：关于这件事情，我不同意您的这种假设，事实上……

不要通过尽量忽略它的办法去否认这种假设。相反，回答者要坚定地向这种假设挑战。当然，不要有失礼貌。然后继续回到沟通的主题中。

【案例5】

面对不知道答案的问题。

问：投资额是多少？

答：我不想随便地回答你一个不准确的信息。我希望告诉你准确的信息。

说你不知道，或者提供给他。

【案例6】

而对知道答案但是不能说的问题。

问：报价是多少？

答：我现在不便说，因为：

（1）这属于商业机密；

（2）董事会还没有定下来；

（3）我不便对此发表意见；

（4）这个问题过于敏感；

(5) 这个问题目前还在讨论/谈判/协商中。

【案例 7】
面对不能回答的二选一式的提问。
问：你们打算增加投入还是维持原有水平？
答：我们的目标是提供最优质的服务。
忽略两个选项。继续论述或回到主题。

【案例 8】
面对压迫式提问。
问：……那么为什么不公开你们的计划呢？
答：我在前面已经提到，这项计划刚刚出台，正准备向外界公布，我会在一个合适的时间对外界公布。因此，与此相关的所有问题，也无需再问。

【案例 9】
面对含糊不清的提问。
问：告诉我你们这个组织的情况。
答：你具体想了解哪些问题呢？

【案例 10】
面对谣言。
问：最近有一些传言，说其他公司可能也在发展相似的产品……
答：回答谣言将不合适；我们仅关心这个消息是否真实，还有这个谣言是从何时开始的。或者我看不到这个谣言有什么可以相信的地方。

【案例 11】
面对同时提出的多个问题。
问：这些变化将会带来什么影响？……你们是否能够继续？……你们是否将不得不……？
答：我先回答第一个问题。这些变化将使我们提高效率，从而对公众更加负责。至于后面的问题……
选择最容易的一个问题回答，将会有助于抓住要点，同时不必立即回答所有问题。

六、教学法建议

（一）本章建议 6 课时完成

（二）教学法建议

1. 将全班学生分为三组，一组负责提出问题，一组负责回答问题，一组负责进行观察及评判；可依照顺序进行轮转。这种由学生自己设计问题并回答，并评判的课堂教学，能够锻炼学生的口才能力，也锻炼学生团队协作能力等其他综合能力。学生完成问答后，教师应一一点评。

2．观看辩论赛，分组记录辩论双方的问与答，并针对其中的问题，回到相应的情境中给出自己的回答。学生完成问答后，教师给予相应的点评。

3．将全班学生围成一个或者多个圆环，指定第一发问者，由第一发问者向第二个同学提出一个问题，第二个同学回答第一发问者的问题，并向第三个同学提出问题，依此类推，直至最末一个同学向第一发问者提问，第一发问者回答后结束。学生完成游戏后，教师给予相应的点评。

第九章 求职的技巧

本章概述 作为社会的个人，学生在经过高职高专的专业学习后，必然要走入社会，走上工作岗位，但是在求职过程中很多的毕业生都不约而同地面临着同样的问题，如何求职？求职过程中使用什么样的方式能够使求职沟通更有效、更顺利？本章将从求职口才的定义及其作用、意义入手，找到求职口才的技巧，并给予相应的技巧训练建议。

一、求职口才的定义与作用

（一）求职口才的定义

求职口才是指在求职过程中，求职者运用准确、得体、恰当、有力、生动、巧妙、有效的口语表达策略，取得圆满的求职效果的口语表达的艺术和技巧。简而言之，就是求职过程中所使用的口头语言、口语表达的艺术和技巧。

（二）求职口才的作用

1. 求职口才能够让求职者获得工作的岗位

求职口才的首要作用即是为求职者获得工作岗位而服务。面试考官通过求职者的语言表达，对求职者的能力与水平进行综合的了解，通过与求职者的问答、沟通，获得自己需要的信息并对求职者的与岗位的适配性有了初步的判断。可以说，求职者的口才表现是其能否获得工作岗位的重要指标。

2. 求职口才能够让求职者获得企业的相关信息

求职并非是单方面的，而是双向选择、双向互动的。一方面，求职者通过有条理、有顺序、有重点的语言表达，使面试考官充分了解求职者自身的能力、水平和资格；另一方面，口才卓越的求职者能够从面试考官那边获得企业的相应信息，并且进一步完善自己对工作岗位的判断与选择。

3. 求职口才能够为求职者提供口才的锻炼机会

在有限的时间以及空间中，面对面试考官、面对招聘者，带着目的性地完成一组或多组的具有综合性表现能力的陈述、问答，对于求职者个人口才的锻炼与提升是非常重要的。在这种"压力锻炼"之下，求职者往往能够获得比以往学习、训练、演练更多的收获。因此，有些大学生在尚未面临毕业的前一年就"混入"面试求职大军之中，不是为了工作，而是为了在口才的实战中获得成长。

4. 求职口才是求职者进入职场的基础

一个未经历求职而进入职场的人，可以说在他的职场生活中永远缺少一环，因为求职阶段（面试过程）是求职者成功进入职场的基础。一方面，求职者在求职过程中表现的好与坏，会成为面试考官对于衡量求职者的能力水平的重要指标，也是企业人力资源部分安排求职者岗位的一个重要参考；另一方面，求职者通过在求职过程中获得公司资历的同时，也获得了对于职场的初步了解，对未来在职场中的生存与发展极为重要。

二、求职口才的原则

（一）掌握求职口才必须要自知

求职口才是建立在求职者对自己的能力、水平、资历等均有正确认识的基础上的，没有自知，必然会走向两个极端。一是自大，看不清楚自己所处的位置，而目中无人，口出狂言；二是自卑，因为自己的资历等原因而无法解决，无法面对求职、面谈中所遇到问题，而失去面试的勇气，自动放弃岗位。因此，求职者在求职之前必须要对自身的简历以及所掌握的知识、将要面对的岗位等进行梳理，较好地定位自己，然后从容地走上求职之路。

（二）掌握求职口才必须要自信

求职口才既要自知，更要自信。求职过程中的自信表现，是在自大与自卑之间选择合适的一个度，既不过分张扬，也不过分卑下，是指围绕着求职、面试的主题，进行自我介绍并回答面试考官的问题，也是指在适当的时候，借题发挥，进一步展示自己本身的能力与才华。在自信的基础上，加以训练，能够使求职者在真正的面试舞台上，超水平发挥。

（三）掌握求职口才必须要双向交流

富兰克林在其自传中讲到，"说话和事业的发展有很大的关系，你出言不慎，将不可能获得别人的同情、别人的合作、别人的帮助"。在求职过程中，正确使用语言进行表达，无论是描述自己的情况、成绩或意向，还是回答面试考官的问题，都是非常重要的。同样，通过求职口才，也要使求职者获得招聘公司的相关信息，只会答、不会问的求职者正在慢慢被淘汰，因为无法发问、无法进行双向的交流就意味着，一名求职者失去自我思考的能力，而无法达到面试考官的要求。

三、求职口才的技巧

（一）面试过程中自我介绍的技巧

求职者自我介绍的根本目的，是使面试考官对自己有个初步的、大概的了解，并且尽可能留下好的印象以便使面试能够深入进行下去，最终赢得面试的成功。求职面试的自我介绍必须讲究技巧，成功的自我介绍往往会给面试考官留下深刻的印象，求职就成功了一半。在人的思想意识中，往往存在这样的误区，认为最了解自己的人一定是自己，把介绍自己当成是一件很容易的事。其实不然，说人易，说己难。在求职面试中，介绍自己是最难的部分，要成功地进行自我介绍，要从以下5个方面着手。

1. 礼貌的问候

在进行自我介绍之前，求职者首先要跟主面试考官打个招呼，道声谢，这是最起码的礼貌。比如："经理，您好，谢谢您给我这个机会，现在，我向您作个简单的自我介绍……"。介绍完毕以后，要注意向主面试考官致谢，并且还要向在场的其他面试人员致谢。

2. 主题要鲜明

求职面试中的自我介绍一般包括这些基本要素：姓名、年龄、籍贯、学历、学业情况、性格、特长、爱好、工作能力和工作经验，等等。因此，不必面面俱全，而是一定要做到主题鲜明，直截了当，切入正题，不要拖泥带水，对于材料的组织要合理，做到详略得当，重点突出。一般来说应按招聘方的要求来组织介绍材料，围绕中心说话。假如招聘单位对应聘的人的工作能力和工作经验很重视，那么，求职者就得从自己的工作能力及经验出发做详细的叙述，而且整个介绍都是以这个重点为中心。

【案例1】 下面是某家工艺品总公司招聘业务员的一则对话。

面试考官：我公司主要是经营有地方特色或民族特色的工艺品，如北京的景泰蓝、景德镇的陶瓷和潮州的抽纱等。这次招聘的对象主要是能开拓海内外业务的潮州抽纱的业务员。现在，请你先介绍一下自己的情况。

求职者：我叫李伟，今年24岁，是潮州市人。今年毕业于潮州市商业学校，读市场营销专业。我一直生活在潮州，小时候就经常帮妈妈和奶奶做抽纱活，对于传统的抽纱工艺可以说是比较了解的。在商校学习的两年中，我掌握了营销方面的专业知识，这是我将来搞好业务的资本。我的口才较好，曾参加省属中专学校的求职口才竞赛，得了二等奖，并且还具备一定的英语口语能力。我这个人的特点是头脑灵活、反应快，平时喜欢看报纸，对国内外的经济发展动态很感兴趣，喜欢从事具有挑战性的工作。

应聘的求职者一般应从最高学历讲起，只要面试考官不问，完全没有必要谈及小学、中学甚至是大学。谈所学的专业、课程，不必要说明成绩。谈求职的经历，不要漫无边际，东拉西扯，最好在3到5分钟之内，完成自我介绍，简洁、明快、干脆、有力。

3. 让事实说话

在面试时，有的人为了能给面试考官留下深刻的印象，往往喜欢对自己进行过多的夸张，动辄就"我的业务水平是很高的"，"我的成绩是全年级最好的"，其实，这样反倒会给面试考官留下不好的印象。现在的用人单位往往更注重应聘者的真本事。"事实胜于雄辩"，虽然面试的时间很有限，不可能完全展示出求职者的才能，但是，求职者可以通过实际的事例来证明你的能力，把你的才华展示给面试考官。

【案例2】 某大学中文系学生小刘，毕业后到报社应聘记者，面对着上百个新闻专业出身的应聘者，可以说小刘并没有什么优势。但小刘对此早有准备，她对面试考官介绍自己时是这样说的："我叫刘晓明，山西人，毕业于××大学中文系。虽然我不是新闻专业的，但我对记者这个行业却十分感兴趣。在大学期间我是学校校报的记者。4年间，进行了大量的校内、外采访,积累了一定的采访经验,再加上我的中文功底,我相信我可以胜任贵报的工作。这是我在大学期间发表过的采访报道,请各位编辑领导批评指正。"

面试考官们看过小刘的报道材料后,觉得眼光独到、语言深刻,都很满意。结果小刘击败了众多的竞争者,不久就收到了录用通知。

4．给自己留条退路

面试中的自我介绍既要坦诚,又要有所保留;既要介绍自己的能力,也不要把自己搞成事事皆能,使自己进退维谷。在自我介绍中,求职者要尽可能客观地显示自己的实力,但同时应尽可能地避免使用保证式或绝对式的语言,如"我非常熟悉这项业务!""我保证让部门改变面貌!"这些话往往没有具体内容,反倒会引起面试考官的反感,如果遇到较为平和、内敛的面试考官,也许不会为难你。但是如果遇到个性较强的面试考官进行追问时,求职者会因无法回答而张口结舌,尴尬万分。

【案例3】 小赵去面试一家国际旅行社的导游。他自我介绍说:"我这个人喜欢旅游,熟悉各处的名胜古迹,全国的风景名胜几乎都去过。"面试考官很感兴趣,就问:"那你去过云南大理吗?"因为面试考官就是大理人,对自己的家乡再熟悉不过了。可惜小赵根本就没去过大理,心想若说没去过这么有名的地方,刚才的话,不就成了吹牛了吗?于是硬着头皮说:"去过。"面试考官又问:"你住的是哪家宾馆?"小张再也回答不上来,只好说,"那时我是住在一个朋友家的。"面试考官又问:"你的这位朋友家在大理的什么地方啊?"小赵这下没词儿了,东拉西扯答非所问,结果自然是可想而知的。

(二)面试过程中问与答的技巧

在求职面试的过程中,如何与面试考官进行良性双向沟通,是求职者能否求职成功的重要保证。因此,在面试过程中,要注意以答为基础,以问为辅助的沟通技巧。尽管不同的公司面试的程序和模式有所不同,面试考官的风格各异,但是有些问题是面试考官们比较喜欢问的。应聘者一定要对这些问题有所准备,知己知彼才能百战不殆。那么面试考官喜欢问哪些问题,又有哪些回答的技巧呢?具体而方,可以从以下实际的案例分析中得到。

一般来说,招聘方提出的问题可分为两类:一类是规定性提问,也就是招聘方事先准备好的,对每一位招聘者都要发问的问题;另一个类是自由性提问,亦即招聘方随意穿插的问题,这些问题往往是千变万化,涵盖宽泛,招聘方可以从应聘者不经意的对答中窥视其闪光点或缺点。无论是哪类问题,应聘者在回答都应当掌握以下基本技巧:

1. 不要遗漏表现自己才能的重要资料;
2. 保持高度敏锐和技巧灵活的思维状态;
3. 回答既要表现自己的个性气质,又要表现出对招聘方的尊重与服从;
4. 认真倾听对方的提问,并注意对方的反应,以便及时调整自己的不恰当的回答;
5. 避免提到"倒霉"、"晦气"、"不幸"、"疾病"之类可能招致对方忌讳的字眼。

【案例4】

提问:你为什么来应聘这份工作?

回答提示:"我来应聘这份工作,因为我相信我能为贵公司的发展作出贡献,同时我也相信贵公司会为我提供实现个人价值的舞台。我在这个领域具有一些经验,而且我的适应能力使我确信我能把这份工作做好。"

【案例 5】

提问:你对我们公司有什么认识?

回答提示:这是面试考官考查求职者对他们公司的了解情况,对这一点你应该有所准备,至少你应该回答出以下几项内容:该公司的一些基本情况,包括公司的固定资产;有否子公司;有多少家子公司;有多少员工;每年的销售额是多少;利润是多少;在同行业公司中的地位。此外你还应该对该公司的一些荣誉有所了解,这很容易博得面试考官的好感。

【案例 6】

提问:你在大学都学过哪些课程?

回答提示:列举几门与应聘职位相关的课程,同时还要说明一些基础课程。比如电脑,现在电脑已经成为应聘者的基本技能,对此求职者要提一下,但如果所应聘的职位与电脑不是直接相关的话,没有必要说明自己的电脑技能水平,只需说明能熟练使用办公应用软件就可以了。

【案例 7】

提问:你想过要自己创业吗?

回答提示:这是一个很难回答的问题,如果回答是"想过",那么千万小心,下一个问题可能就是:"那为什么你不这样做呢?"要做好继续回答问题的准备。

【案例 8】

提问:你在这类工作岗位上有何种经历?

回答提示:这是展示才能的黄金时间。但在行动之前,必须绝对清楚对于面试考官来说什么是最重要的。如果求职者不知道自己在工作中起初 6 个月时间里的工作内容,那么必须向面试考官询问。求职者使用得到的信息,自然能更加贴切地回答问题。但在描述所取得的成绩时,要谦虚,切不可夸夸其谈。

【案例 9】

提问:除了工资,还有什么福利最吸引你?

回答提示:尽可能诚实,如果做足了准备工作,就知道他们会提供什么,回答尽可能和他们提供的相符。如果你觉得自己该得的更多,也可以多要一点。

【案例 10】

提问:你将在这家公司呆多久?

回答提示:回答这样的问题,求职者该持有一种明确的态度,即:能待多久待多久,尽可能长。"我希望在这里继续学习和完善自己。"

【案例 11】

提问:在闲暇时,你喜欢做什么?

回答提示:"我平时在课余时间喜欢踢足球,看看电影,但从未因此影响过工作。"

这个问题看来很单纯,但是往往有更深一层的意义,这是面试考官企图明白求职者的休息娱乐活动是否会干扰你的正常工作。

【案例12】

提问:你过去的上级主管是怎样的人?

回答提示:别贬低过去的上司,尽量说些他的优点,对他的不足一带而过即可。

【案例13】

提问:你认为自己最大的弱点是什么?

回答提示:绝对不要自作聪明地回答:"我最大的缺点是过于追求完美。"有人认为这样的回答会显得自己比较出色,但事实上,他已经岌岌可危了。谁都有缺点,这一点谁都清楚,当被问及这个问题时,不妨说出一个缺点来,但是注意不要选择对将来的工作有影响的缺点。

【案例14】

提问:你怎么看待要向比你年轻的人汇报呢?

回答提示:"我从不根据年龄来划分别人,只要他们是凭借自己能力到达该职务的,那绝对没有问题。"

【案例15】

提问:你怎样和未来的上司相处?

回答提示:"我重视的是工作和成果。我能屈能伸,可以和任何人打交道。"

回答的主旨在于表现求职者交际能力较强,心胸开阔,在处理与上司关系时,以服从公司利益需要为原则,决不会陷入个人的恩怨问题中去。

【案例16】

提问:如果公司安排一个与你应聘岗位不同的位置,你将怎么办?

回答提示:"我会感到遗憾,不过我还是乐意服从分配。我是基于对贵公司业务发展与工作作风的充分了解,才欣然前来应聘的;所以无论在哪个部门都会努力工作,况且我可以学到更多新东西。当然,如果今后有合适机会仍可从事我所期望的工作时将很高兴。"

【案例17】

提问:依你现在的水平,恐怕能找到比我们企业更好的公司吧?

回答提示:"不可一概而论。或许我能找到比贵公司更好的企业,但别的企业或许在人才培养方面不如贵公司重视,机会也不如贵公司多;或许我找不到更好的企业,我想珍惜已有的最为重要。"

这类问题的特点是面试考官设定一个特定的背景条件,让应试者做出回答,有时任何一种答案都不是很理想,这时就需要用模糊语言回答。

【案例18】

提问:如果本公司与另外一家公司同时录用你,你将如何选择?

回答提示:"当然还是希望到贵公司工作。对贵公司我已向往很久,若能给我一个机会,我是绝不会放弃的。"在未确定最后的归属时,回答这个问题是比较困难的,这时不能有丝毫的犹豫,还是应该强调自己希望进入现在应考的这家公司工作,并且要充满热情和希望。

【案例 19】

提问:你还有什么问题吗?

回答提示:你要回答"当然"。求职者要准备通过自己的发问,了解更多关于这家公司、这次面试和这份工作的信息。假如此时求职者笑笑说"没有",心里想着终于结束了,长长吐了口气,那才是犯了一个大错误。这往往被理解为对该公司,对这份工作没有太深厚的兴趣;其次,从最实际的考虑出发,也许应该借此机会试探一下面试考官,推断一下自己入围有几成希望。

(三) 电话求职的技巧

伴随现代通信事业的发展,越来越多的人选择了打电话求职,尤其是身在异地的求职者,一般都会先通过电话与单位谈判的。如果招聘启事中对应聘者的要求、岗位说明、薪酬等都写得较为详细,那么求职者直接按地址进行面谈即可。如果信息不完全,则可以通过电话预约或求职,电话谈妥了以后,才考虑进行面谈。因此打好求职电话对于求职者来说也是十分重要的。求职电话打得好,彬彬有礼,思维敏捷,吐字清楚,词达意准,往往会给用人单位留下良好的第一印象,有"先声夺人"的效果。那么打求职电话需要哪些技巧呢?

1. 通话前应有充分的准备

一般来说,公司在进行简单询问后,都会要求求职者寄简历,甚至在电话中就进行第一关口试,决定是否需要面谈。如果把事情想得太轻松,一旦突然被问到应聘的动机,以往的工作经验,未来的工作设想等问题,恐怕会因为没有准备好而无法答得很好。所以,在通话前应该对对方可能问到的问题有所准备,以防被打个措手不及。

2. 选择安静的通话场所

如果在吵闹的大马路上或热闹嘈杂的商店里打求职电话的话,不仅是双方都听不清楚对方在说什么,而且很容易让人烦躁。这样的求职电话往往都是失败的。

3. 通话时间的选择

不要在对方可能忙于处理其他事务时打电话,例如上午10点钟以前。一般来说这段时间的业务都是比较繁忙的,对方很可能因为正在等一个重要的业务电话,而想马上结束与你的通话。临下班前半小时也不宜通电话,以免影响了对方的收尾工作。午休时间打电话影响别人休息,是不礼貌的,效果也不好。另外求职电话不应打到当事人的家里。

4. 通话内容简明扼要

打求职电话要简单扼要,叙述要有条理。漫无边际的马拉松式谈话,会影响对方工作,也影响他人使用电话,并给人留下婆婆妈妈、抓不住重点、拖泥带水的印象。求职电话一般应首先询问对方是否要人,要用什么样的人才,然后作个简单的自我介绍,询问对方是否可以面谈。如果招聘单位有意见面可约好见面时间、地点,而且要记准记清。

5. 打电话时语言连贯

不用"这个、那个"之类的习惯用语,也不可心情紧张而结结巴巴。要尽量用普通话,使接话人听得清、记得准。谈话要保持中速,不急不缓,因为说话从容往往给人以稳重、可靠的印象。打电话时要注意语气和声调,以显示自己是讲文明、懂礼貌的人。口要对着话筒,说话音量适中,咬字要清楚,吐字比平时略慢一些,语气要自然,当对方不够热情时,打电话要注意语气和声调。

6. 礼貌谈吐显诚意

既然决定打求职电话,说明求职者对用人单位有诚意,因而必须讲礼貌。尽量使用礼貌的用语,多用"您",少用"你"之类的称呼。接通后,应有礼貌地问清对方单位的名称,说出要找的人的姓名。如果对方就是受话人,应先问候,然后谈话;如果对方不是要找的受话人,应有礼貌地请求对方去传呼受话人;受话人如果不在,你应主动请接电话的人把自己的单位和姓名转告受话人。若需要受话人回电话,应告知电话号码。如果需要他人转告受话人事情,要礼貌地请求对方记下。通话结束时,应该礼貌地说声"再见"。这是通话结束的信号,也是对对方表示尊重,听到对方把话筒放下,再把电话挂掉。

7. 适当来点幽默

打求职电话,认真是原则,但不妨来点幽默,给人留下开朗、活泼、朝气蓬勃的印象,不过不能失之轻浮、油腔滑调,应把握好"度"。

四、求职口才注意点

(一)语言要与形象配合在一起

在求职者还没有开口之前,面试的面试考官已经从对方的仪表中大致地打了分数。如果这个印象不好的话,那么即使求职者在后面的面试中语言表达再好,也难以抹去面试考官最初的印象,因此求职者的语言要与形象配合在一起。

1. 面试时的衣着和打扮

一般来说,面试是一种较为正式的活动,因此求职者的穿着应该尽量的正式一些。这个时候如果穿过于休闲的衣装,会让面试考官感觉求职者对这次面试并不重视,同时对面试考官也不够尊重。面试时无论是男士还是女士,都应该整洁大方,女士最好化淡妆,千万不可浓妆艳抹,那样会让人感到十分的不庄重。

2. 双手的动作

说话时手心要向外以表现开朗、坦白和友善。当求职者正在思考及刚开口做答时,可配合一些轻微的手部小动作,会显出自己有敏捷的思维及头脑。但动作不要过大,显得不庄重。当求职者提及一些与四周环境有关的话题时,可以用手指指向那个方向。一来可以使面试考官更加投入及注意求职者说话的内容;二来又可以让他知道求职者细心观察附近的环境。当谈到未来的工作计划和理想时,千万不要挥手,那样太过张扬,会令面试考官心生厌恶。手指不要自顾自地摆动或不停地玩弄圆珠笔,这样会令人觉得求职者已经不耐烦。也不要经常用手触摸一些有缺点的地方,例如一名接近秃头的男士经常摸头显得自卑,容易把面试考官的注意力引到自己的短处上。

3. 坐的艺术

在面试考官请求职者入座之前,不要随便坐下。否则,这将会被视为傲慢的表现。求职者应该先向面试考官表示谢意,然后再坐下。如果任由求职者自选座位,求职者应挑一个直背、结实的椅子。不要坐吱吱作响的椅子,它将使求职者无法保持警觉,对姿态也无益。设法不要比主考人员的位置低,因为这样无益于交流,并削弱求职者的自信。大多数情况下,面试双方会隔着一桌而坐。但如果求职者面试的环境中没有桌子,就应该与面试考官保持1米左右的距离。若双方距离太近会让面试考官感到自己的"区域"受到侵入,就有害而无益了。面谈中,身体稍向前倾,以示对谈话的兴趣。不要斜靠桌子上或懒散地伸出四肢躺在椅子里。垂直但舒适地坐着,显得从容不迫,心情轻松。

(二)在求职过程中,强化求职者的眼神

眼睛是心灵的窗户,它可以表现出一个人的自卑或自信,诚实或虚伪。在面试,可以通过自己的眼神向人表述自信,另一方面可以察言观色,以化解面试中的尴尬。

一般说来,在求职者进门之后,面试考官会与求职者打招呼,在提问的过程中,他会注视求职者。如果求职者与他打招呼或提问时都能热情地注视对方,则显示出求职者既有坚定的性格又有自信心。一个人诚实与否,可以从他的眼睛里反映出来,诚实的眼睛哪怕是避开别人,也会显得是在认真地思考,而不是在打其他主意。

此外求职者还必须识别面试考官的身体语言变化,从中了解他内心深处的真正情绪。当面试考官厌烦时,表现为坐立不安,眼看桌面的小东西,手指头轻敲着桌面。这时候你可以试着改变话题或主动提问题。当面试考官不太愉快时,通常表现为双手在胸前交叉,身体向后靠,明显地改变坐姿等。当面试考官听了你的话感到有兴趣时,表现为坐姿向前倾,接近你,眼睛注视着你,但偶尔也会发生恰巧这位面试考官也精通身体语言而不表现出来。

(三)在求职过程中,常保微笑

笑容是所有身体语言中最直接有利的一种,应好好利用。在面谈中,求职者应把握每个机会展露自信及自然的笑容,但是切记不要露出像傻子般的呆笑。另外,在遇到难答的问题时而装出咳嗽的声音或咬嘴唇会给人不成熟和不认真的印象。

常犯的面部表情错误:

1. 僵硬的笑容、抽搐的表情——不能承受压力;
2. 极少视线接触——意图隐藏一些东西或显得信心不足和胆怯;
3. 皱眉头、东张西望——傲慢、不专心;
4. 皱起嘴唇——为人鬼祟,事事不可告人。

（四）在求职过程中，不要有不礼貌的行为

在面试时，不要吸烟、嚼口香糖。参加面试前，要刷牙，不吃葱蒜韭菜等辛辣食品，必要时可含茶叶、口香糖以除口臭和异味。不在他人面前擤鼻涕、抠鼻孔、挖耳屎、搓泥垢、揩眼屎、剔牙齿、修指甲、打哈欠、搔痒、挠头摸脑或抖动腿脚等。咳嗽、打喷嚏时，应用手帕掩住口鼻，面向一旁，避免发出大声。

（五）在求职过程中，不要故意卖弄

当求职者还不十分了解面试考官的习惯和喜好时，自我介绍要简明，有条有理，不要乱加修饰词语；也不要像拉家常一样，说起来没完，把主要的经历说出来就足够了。纵使你的经历丰富多彩，迂回曲折，但不必在自我介绍时表现出来。要知道，面试考官是选拔人才的，而不是听你讲故事的。自我介绍一定要给面试考官留下思想清晰、反应快、逻辑性强的印象。

【案例20】 学中文的江浩到出版社应聘编辑，他很想通过自我介绍把自己的文学才华显露出来。当面试考官对他说："说说你自己的情况吧！"江浩觉得自己的机会来了，清了清嗓子，用抑扬顿挫的声调说："23年前一个小雨淅沥的夜晚，我的啼哭声把那座南国的小城吵醒了。我懵懵懂懂度过童年，又迷迷糊糊度过少年，热热闹闹度过青年。'许多欢乐，许多痛苦，让我看懂了这个世界。我喜欢黑色，它是那样的深沉，那样的凝重……"面试考官听了这番介绍，大倒胃口。对他说："我们这里是出版社，不是诗社，你更适合去写诗。"

（六）在求职过程中，切忌得意忘形

面试考官用夸大的语言和语调来赞美你时，求职者一定要警惕，面试考官的语调表明，他不能再听这类"自我介绍"了，他的内心里一定翻滚着一股莫名的火气。看来，夸奖的言词，恭维的话语，并不一定是可喜的，也不能真正表达人的内心，表达的意思十分复杂。倘若求职者刚一被称赞之后就立刻上当，得意忘形，以为自己已经博得了面试考官的好感，这样往往会弄巧成拙。最好的办法是，谈到某个话题，先说一点，同时试探出面试考官表达的真意是什么，找出隐藏于赞赏言词内部的真正含义，再继续说下去。倘若面试考官的话语中明显已带了讽刺之意，那就应该马上转移话题，并找机会予以弥补。

【案例21】 张宁平时爱好广泛，有几项可以拿得出手的成绩。他去应聘一家饭店的大堂经理。面试考官问："你擅长些什么呢？"张宁觉得这是一个很好发挥的话题。于是精神大振，把自己爱好集邮，收集了许多珍贵的邮票；喜欢下围棋，水平已是业余初段；爱好长跑，曾获得过市马拉松长跑第10名等大大渲染了一番。面试考官也立即把他大大夸奖了一番："你的围棋达到初段，实在了不起啊！""你坚持长跑，真叫人钦佩！"张宁还没有听出面试考官的弦外之音，认为是在夸奖自己，于是又继续又说下去了："是啊，我平时还喜欢养鸽子……"

（七）注意面试过程中的说话禁忌

在与面试考官的交谈中，有些话是无论如何也不能说的，也就是面试中的"禁口"。如关于性别或种族的偏见、政治话题、夸奖自己子女甚至到自吹自擂的地步、为面试考官取

得某物或某种特殊商品的提议等，这些说话内容都会带来面试中的危机，或者让面试考官感觉到求职者对人的不平等以及对职场的适应性不强，有些内容甚至会显得求职者是在贿赂面试考官。此外，还应注意以下几点。

1. 前任雇主的机密资料不应该泄露

泄露前任雇主的机密资料，会让面试考官认为求职者不值得信任。可能面试考官会想："既然你可以泄漏前任雇主的机密，那我们可不敢用你，否则不是花钱给自己雇了个特务。"

2. 抱怨面试考官

求职者应该表现给面试考官的是你的积极面，一味抱怨只能适得其反。或许这是面试考官对求职者忍耐力的考验。

3. 老提大人物名号以自抬身价

比如说，总是炫耀前任老板是个著名室内设计师，自己曾协助他装潢某位名人的宅邸。假使求职者真的与某些社交名流为友，留心别造成自我吹嘘的印象。因为面试考官对于此事的态度是未知数，说不定会适得其反。

4. 漫无目的地闲谈

求职者回答完问题或做完一段评论，就此打住，等待下文。话点到为止，喋喋不休徒然无益。

5. 将面试考官赞美得天花乱坠

即使诚心佩服其人，在这种情况下，求职者的赞美可能遭到误解。当然，求职者的赞美语可以这么说："与您面晤很愉悦，谢谢您。"

6. 与面试单位的某人是熟人

"我认识你们单位的某某"，"我和某某是同学，关系很不错"，等等，这种话面试考官听了会反感。如果那人是面试考官的上司或比面试考官的职位高，他就会感觉求职者是在用上级来压他。这样，即使被录用了，以后的日子也不会好过的。如果面试考官与求职者所说的那个人关系不怎么好，甚至有矛盾，那么，这些话引起的结果就会更糟。

7. 不合逻辑的话

在逻辑上是讲不通的，或不符合实际情况的回答不要出现。例如面试考官问："请你告诉我你的一次失败经历。"而求职者回答："我想不起我曾经失败过。"或者"你能干些什么工作呢？""我可以胜任一切工作。"这些回答都不妥当。

8. 本末倒置的谈话

参加求职面试，一定要把自己的位置摆正，提出已经超出了应当提问的范围的问题，使面试考官产生了反感。

例如，一次面试快要结束时，面试考官问应试者："请问你有什么问题要问我们吗？"这位应试者欠了欠身，开始了他的发问："请问你们的规模有多大？中外方的比例各是多少？请问你们董事会成员中外方各有几位？你们未来5年的发展规模如何？"就是一个失败的谈话。

五、演练题

【演练 1】
在课堂上按照求职的要求，让每一位同学着正装并互相检查自己是否穿着得体。由教师进行最后点评。

【演练 2】
根据主题突出、实例说明、言简意赅等原则，为自己设计一段自我介绍，时间在 2～3 分钟。

【演练 3】
针对以下问题进行模拟演练。
1. 请谈谈为什么你会选择我们公司？
2. 请谈谈为什么你会选择这个职位？
3. 你对我们公司有什么了解？
4. 谈谈你对应聘岗位的了解？
5. 除本单位外，你曾应聘过其他单位吗？
6. 你对琐碎的工作是喜欢还是讨厌？
7. 这份工作要做好不容易，你自信能做好吗？
8. 你愿意到基层去吗？
9. 谈谈你的优缺点。
10. 你能与人融洽相处吗？
11. 你有过打工的经历吗？
12. 能谈谈你的业余兴趣和特殊爱好吗？
13. 在通常情况下，你如何对待奖励与批评？
14. 你心目中的英雄是谁？
15. 你的长远目标是什么？
16. 你是否考虑过自己创业，为什么？
17. 你想有个什么样的领导，你过去的领导是个什么样的人？
18. 你认为金钱、名誉和事业哪个重要？
19. 你期望的工资是多少？
20. 你好像不适合到我们公司工作。

【演练 4】
尝试在求职过程中进行双向交流，以问代答。
1. 为什么这个职位要公开招聘？
2. 这家公司（这个部门）最大的挑战是什么？
3. 公司的长远目标和战略计划您能否用一两句话简要为我介绍一下？

4. 您考虑在这个职位上供职的人应有什么素质？
5. 决定雇用的时间大致期限要多久？
6. 关于我的资格与能力问题，您还有什么要问的吗？

【演练5】

针对文秘专业女生偏多的问题，可以进行女性问题的演练。

用人单位在考虑聘用女职员时，常担心婚姻和家庭会影响工作，所以面试时往往提出许多相关的问题。因此，能否回答好这些问题，直接关系到求职是否成功。准备求职的女性推荐可以使用以下几种应答的方法。

1. 婚后你是否计划在近期内生育？

我很看重自己的事业，所以我的决定是以不影响我的工作和公司的利益为前提，会理智地处理好这个问题。我的先生是个明事理的人，他一向都是很理解和支持我的，这一点请经理放心。

2. 你觉得家庭和事业哪个更重要？

我觉得无论对谁来说，家庭和事业都是很重要的，缺少了哪一部分，他（她）的人生都不完整。我会有自己的家庭，但同时我也认为现代女性最重要的是保持经济上的独立和生命的活力，工作对现代女性来说是很重要的。同时我相信我未来的先生也会支持我的事业的。

3. 如果公司派你到外地出差，你的男友不同意去，你该怎么办？

公司安排我出差，是工作上的需要。我和我的男友都是热爱工作和事业的人，相信他会支持我的，如果他不同意，我会说服他的。

4. 据我所知，你和你的男友分处两地，如果他要你过去，你会怎么办呢？

我觉得我之所以来这座城市，就是因为觉得这个城市的机会很多，这对我有很大的吸引力。我来之前也同我的男友商量过此事，如果我在这个城市找到发展自己的舞台，那么他也会到这座城市来寻找机会的。

5. 你怎样看待目前社会上存在的一些性别歧视？

我认为这种看法会随着社会的发展而渐渐消失的。而且现在社会上越来越多的女性证明的能力并不比男性差。但就目前的情况来看，作为一名女性，我只能是更加努力，以此来证明我们的能力，获得社会的认同和尊重。

六、补充案例（教师可设计问题，供学生学习分析）

【案例1】

苗立各方面条件都很不错，但在一次求职面试中，他却失败了。为什么呢？原因即在于他的自我介绍语言空泛，言之无物。他是这样说的："我读大学时，是班级团支部书记，组织能力强，交际广泛，有好奇心，协调能力强，善社交，朋友多，有韧性。"

苗立的自我介绍到底犯了什么错误？"协调性强"、"善社交"之类的抽象词，本是听了自我介绍的面试考官记录对应聘者的印象的词汇，做自我介绍的应试者本人不应该说。参加面试就是为了推销自己，所以极力宣传推销自己的心情可以理解，不过应聘者自称有组织能力，协调能力强，善于交际，有韧性，面试考官能就那么天真地相信吗？求职面试的自我介绍，一定要用客观、实际的语言来评价自己，不要用那些很抽象的词语。面试考官们往往只相信那些可以量化的成绩，而不会对你自我介绍中的什么"组织能力强"之类的词语感兴趣的。倘若你在"组织能力强"后面加上一句"曾经协调组织了××年学院元旦晚会，并取得了成功"可能效果就不一样。

【案例2】

韩丽丽去应聘一家公司的前台接待。整个面试过程，她的声音都细如蚊蝇，满面通红，特别是谈到自己时，更显得羞于张口。后来她打电话给公司秘书，公司秘书非常为难地告诉她，面试考官说，你那么小的声音，显得对自己不自信，缺乏活力，也缺乏必要的应酬能力，怎么能胜任得了代表公司形象的前台接待呢？

介绍自己、推销自己本来是可以谈得很好的话题，但是许多人却在推销自己上缺乏自信和勇气，这或许是怕引起别人反感的缘故。而在平时生活中也常常听他们说："我有什么好说的，你们天天不都看见了吗？"这就使他们养成从不自我评价、自我展示的习惯，可到了要谈论自己时，免不了有些害羞、胆怯、难以开口。自我介绍，不管你措词多么恰当，内容多么丰富，语气一定要自信，说话的速度不要太快，口齿一定要清晰。千万不要使面试考官觉得你的声音发颤、胆怯。声音是很具有感染力的，一旦你的声音中注入了活力和自信，对面试考官的感染将是非常强烈的。如果你有优美的嗓音，一定要好好利用，那是你求职面试时最有利的武器之一。

【案例3】

刘婷是一位很有工作经验和工作能力的女秘书。当招聘她的女经理问她："小姐，你人这么美，学历又高，举止又优雅，难道你原来的上司不喜欢你吗？"刘婷微笑着说："也许正因为美的缘故，我才离开原来的公司。我宁愿老板事多累下人，也不希望他们'情多累美人'。我想在您手下工作，一定会省去许多不必要的累。"刘婷并没有说"老东家"的好与不好，但一句"情多累美人"既让人同情也让人爱怜。结果刘婷很顺利地走上了新岗位。

对你的前任上司切不可妄加评论，要知道现在招聘你的面试考官可能就是你未来的上司，既然你可以在他面前说过去的上司不好，难保你今后不在上司面前对他说三道四。一个人要在社会中生存，就得与各色各样的人打交道，挑剔上司说明你对工作缺乏适应性。

【案例4】

李强原是经济报专刊部记者，报社不仅要求记者一个月完成多少字的文稿，而且还要负责拉广告。中文系毕业的他对家电、电脑市场行情一窍不通，要写这方面的文章，感到力不从心，压力太大。于是他到商报应聘新闻记者。负责招聘的面试考官问他，你是否觉得在经济报的工作压力太大？李强说："作为年轻人，工作压力大点没关系，最重要的是希望找到能发挥自己专长的工作岗位。"结果李强如愿以偿进了商报社,如鱼得水。文章频频得奖,很快当上了新闻部主任。

在这个快节奏的现代社会,无论是在企业内部还是在同行业之间,竞争都很激烈。竞争不仅来自于社会压力,同时也要求员工处于高强度的工作状态。如果动不动就说,在原单位工作压力太大,很难适应,很可能让现在的招聘单位对你失去信心。

【案例5】

刘翔原在一家效益较差的企业搞宣传工作,到现在的单位应聘时,面试考官便问他:"你是不是觉得原来收入太少,才跳槽过来的?"刘翔说:"在原单位我的工资还算高的,关键我学的是财会专业,又有会计师职称,来应聘会计职位是最适合不过的了。"

在回答这类问题的时候,求职者既要表明你对原单位的薪金不满,又要表明这并不是你离开原单位的主要原因。这样既有利于你在新单位获得更高的薪金,又让面试考官觉得你并非只是因为薪金问题才离职的。

【案例6】

某电视台招聘记者,小郑前去应聘。面试中,面试考官指出:"你说你爱好写作,可是我看了你填的报考表,在'自我评价'栏中居然出现了三处语法错误,现在既没有多余的表格,也不准涂改,你怎么办?"小郑听罢吃了一惊,心想填表时自己是字斟句酌的,怎么会有三处错误呢?但时间不允许他多想,他当机立断,回答说:"为了弥补失误,我可以在表后附一张更正说明,上面写上:'某某地方出现了三处语法错误,实属填表人的粗心,特此更正,并向各位致歉。'不过……"他停顿一下说:"在发出这份更正说明之前,我想知道是哪些错误,因为不能无的放矢,错误地发出一份更正说明,我不愿意再犯这种错误。"

他的机智应对令面试考官们笑了。其实他的报考表并没有错误,这不过是面试考官设的一个圈套,用以考察他的自信心和反应能力。从表达角度看,他的得分主要在于后半部的补充说明。这一段内容的表达十分完满,滴水不漏,印证了他机敏全面,认真仔细,一丝不苟的品格,赢得了好评。

【案例7】

面试考官问:"如果录用你,你能长期工作,不跳槽吗?"

这个问题看似简单,实则暗藏杀机。如果简单回答"我不跳槽",就等于把自己套住;如果你回答"我会跳槽",那么对方肯定不会录用你。

有一位应试者采取了预设前提条件的方式委婉回答,显得得体而巧妙。他说:"前几天我看到一篇文章,叫做'流行跳槽的年代,我不跳槽'。因为文章的主人公找到了自己满意的工作,有能发挥自己才能的环境和丰厚的收入,我很赞同他的看法。就我求职的愿望而言,我想找到一份对口的,满意的工作,我将为它献上我全部的心血。"他的回答设定了隐含前提条件,很坦诚,也很全面,无懈可击。

面试考官提问有时布设"陷阱",巧妙伪装,诱人就范。如果你不加识别,仅就表面意义直言回答,就可能落入圈套,自显低能,陷入被动。面对这类考题,切记不要急于回答,应思索辨析，抓住要害，避开"陷阱"，跳跃而过。

【案例8】

在一次外企面试中，双方交谈得很投机，看来希望不小。接近尾声时，面试考官看了一下表，问："可不可以邀请您一同吃晚饭？"

原来这也是一道考题，而且深藏了陷阱。如果考生痛快接受，则有巴结应酬面试考官的嫌疑；如干脆拒绝，又显得不那么礼貌。好在考生动了脑筋，他机智地答道："如果作为同事，我愿意接受您的邀请。"由于他预设了一个前提条件，所以他的回答十分得体到位，获得好评。

【案例9】

大学毕业生小刘去一家企业求职，接待他的是见多识广的总经理。他们没有谈上几句话，总经理便得出结论，说："不行。"小张感到再从正面请求肯定无济于事，于是直言说道："总经理的意思是，贵公司人才济济，已足以使公司获得成功，敝人纵有天大本事，似也无需加以录用，不如拒之千里之外，是吗？"他微笑着直视着总经理，等待他对这一强烈刺激的反应。沉默片刻，总经理终于开口："能将你的经历、想法和计划告诉我吗？"小刘再激一步，说："很抱歉，刚才我太冒昧了，请多包涵，不过像我这样的人还值得一谈吗"他的进攻反而引起总经理的兴趣，他不想放过一个真正有才华的人。说道："请不要客气。"这样，小刘获得了展示自己的机会，他将自己的经历，对企业经营发展的规划和看法进行了系统的陈述。总经理听完介绍，微笑着说："小伙子，我决定录用你，明天来上班。请你保持过去的热情和毅力，努力干吧！"

一般的说，应试者是不应把话说得太强硬的。在这里小张一反常规，大胆运用激将法挽回了危局。这再次说明，面试没有固定模式，全看应试者能否审时度势，灵活变通，凭借自己的真才实学和机智应对去赢得成功。

【案例10】

有一位面试考官出了这样一道题："本公司北京分部召开酒会,想请国务院总理也来参加,请问你有办法邀请到他吗？请提出你的方案。"这个题目出得离奇，但很能考察一个人解决问题的能力。

应试者略加思索，答道：

（1）酒会的主题必须紧紧围绕当前舆论热点，如高科技、风险投资、反腐倡廉、环境保护、国际合作等，将酒会的宗旨提高到整个国家和民族利益的高度；

（2）将本公司的经营目标和形象宣传提高到整个国家和民族利益的高度；

（3）与总理身边的秘书人员搞好关系；

（4）邀请总理打算接见的境外大企业或社团首脑参会，安排他们在酒会上见面；

（5）邀请国内著名企业代表参会；

（6）邀请北京各大媒体到会采访报道。

从他回答的这些具体措施看，内容也许不一定实用，但是却不难看出考生的想象力十分丰富，而且思路宽广，因而受到面试考官的好评。其实，大凡提出这类考题，面试考官并不在于你回答的内容多么实用，关键是看你有没有想象力，处理问题的思路对不对头。只要思路广，有上乘表现就是可用人才。

【案例 11】
　　胡晓萍到一家中外合资企业与总经理面试求职。经理对她的能力和工作经验都很满意，但是担心她已婚并且已有小孩会影响工作。于是就问她："胡小姐，总的来说，我对你的各方面素质都很满意。不过，你已经成家这一点，公司方面还得考虑考虑。"胡晓萍想了一下说："我认为您讲的有一定道理。如果我是您的话，可能也会这样想的。公司的任务重，工作忙，谁也不愿意职工为家事耽误了工作。"随后，她话锋一转："但事情还有另外一方面，虽然我的想法也不一定对，但还是想说出来请您指正。因为对公司来说，最重要的是要求职工有责任心。但是不当家不知柴米贵，不养儿不知父母恩，在生活中都没有经过责任心训练的人，能够在工作上有强烈的责任心吗？我想，一位母亲与一位未婚女子对生活、工作和责任心的理解是不会相同的。况且，我家里还有老人退休照料家务，我决不会因家庭琐事而影响工作的，这一点我想请总经理放心。"
　　胡晓萍虽然具备了职业女性应当拥有的素质，且用人单位也表示满意，但用人单位基于她已成家等因素的多重考虑，起初不准备聘用她。总经理的话也直言不讳地透露了公司的意图。在大事不妙的情况下，胡晓萍没有退缩和流露出畏难情绪。她首先肯定了总经理对她已成家可能影响公司工作顺利开展的顾虑，并且站在总经理的立场对自己的不足做了否定的表示。这使总经理颇感意外，并促使他的态度发生转变。胡晓萍成功地促使总经理愿意继续倾听自己意见的基础上，又不失时机地转变话锋，从已婚女性和未婚女性二者具备不同的工作责任心和工作态度角度入手，阐述了作为母亲的已婚女性较未婚女性对工作更加负责，更具有工作责任感。一席话从心灵深处震撼了总经理，他开始赞赏胡晓萍的说话。胡晓萍趁热打铁，说明家务事和孩子有家人照管，不致因家庭琐事而影响公司的工作，打消了公司的顾虑。经过胡晓萍这么有理、有利、有节地一说，总经理豁然开朗了。十分赞赏她的敏捷思路，当时就拍板决定录用她。

七、教学法建议

（一）本章建议 6 课时完成
（二）教学法建议
　　1. 以小组为单位，结合演练题目分别抽取一道面试中的假设问题，并进行回答，学生回答后，教师当场进行点评。
　　2. 将学生分为两个小组，一组为求职者，一组为面试考官，进行模拟面试；一次模拟结束后，教师可安排学生进角色互换。两次模拟结合后，教师请学生谈谈作为求职者与作为面试考官之间的心态差别，并自我分析在回答面试问题中的得与失。教师进行点评。

第十章 演讲的技巧

本章概述 演讲,是口才的一个具体的表现形式,是当众阐述自身对社会的见解和认识的一种语言表达形式。在 21 世纪,作为沟通、说服以及展示个人价值的重要渠道,演讲已经成为一个合格的社会人所必须具备的基本能力之一。本章主要探讨演讲的作用、演讲的基本原则、演讲的技巧以及演讲中所要注意的事项。

一、演讲的作用

演讲作为一种普遍存在的语言表达方式,具有不可估量的社会作用和社会价值。对演讲者个人而言,演讲一方面能够促进其自身的迅速成长。在世界演讲舞台上,可以看到每一位站在讲台上口若悬河、滔滔不绝地讲述的成功的演讲者,其声音、语调、声调、咬文吐字、态势语言都是经过千锤百炼、反复练习的,但比这些基本功夫更重要的是演讲者自身必须有站在时代的前面,去勇敢地探索先进的思想和孜孜不倦地吸取广博的知识。"台上一分钟,台下十分钟",为使演讲获得成功,演讲者一般要对演讲内容进行系统学习并有一定的沉淀时间,同时在演讲技巧上加强训练,以及当众阐述自身理论的压力,都促进了演讲者素质的提升与能力的强化。另一方面,演讲者们的丰富的学识、敏捷的应对、良好的修养都很容易冲破种种人际关系的障碍,使演讲者能通过演讲活动可以广泛地接触各阶层、各地区人士,从而获得较高的知名度与影响力,扩大自己的交际面。

一次成功的演讲,不仅是使演讲者获得锻炼与提升,更能够启迪人心,传播真理,培养情感……演讲对听众的作用是多种作用的综合,一般包括 6 个方面:一是真理的启迪作用,二是情感的激发作用,三是知识和信息的传播作用,四是艺术美感作用,五是扶正祛邪的作用,六是行动导发的作用。古今中外所有成功的演讲家,他们都是拿着演讲这个工具和武器,宣传真理、捍卫真理,向一切丑恶的势力,进行着艰苦卓绝的斗争,从而唤醒民众,把社会一步一步推向前进。

对社会而言,演讲能够祛邪扶正,形成正确的舆论,促进社会文明发展;演讲能够培养高尚美好的情感,促进人类的文明建设;演讲更能够唤起听众的行动和实践,使之投身于现实世界的实践活动中。听众的行动是演讲一切理想感性作用的最集中、最实际的体现。

二、演讲的原则

（一）成功的演讲必须有正确的道德情感

所有成功的演讲必须引导听众正确的行动。在演讲过程中，演讲者通过自身情绪的调动、内容的组织，以及身体姿态、语言发声等技巧，深刻地影响到听众的思想情感，甚至影响到听众的行为。

不能引导听众行动的演讲绝不是好的演讲。成功演讲必须以演讲者自身正确的道德情感为基础。正确的道德情感能够感染和影响听众，从而培养听众正确的情感，例如爱国主义情感、国际主义情感、集体主义情感、革命英雄主义情感等。从以下案例可见到演讲对培养、影响听众的情感的巨大作用。

【案例1】 古罗马统帅恺撒被以布鲁图斯和卡西乌斯为首的密谋者刺杀后，布鲁图斯为了掩盖罪行，在当众演讲中颠倒是非，诋毁恺撒是暴君、独裁者，在他的演讲结束之后，听众们一致叫喊"杀得好"！但是当执政官安东尼在随后的演讲中一件一件历陈恺撒的功绩，并且用他的友谊、真诚的情感证明恺撒是宽厚的君主时，听众们的情感得到了改变，甚至愤怒地烧毁布鲁图斯的家。

【案例2】 我国伟大的民主主义革命先行者孙中山先生在致力于民主革命40年间，始终以演讲为武器启迪和呼唤民众投身于民主革命。正如后来许多参加辛亥革命的老人回忆道，他们之所以参加辛亥革命，就是因为听了孙中山先生激动人心的演讲所致。

（二）成功的演讲必须是综合的传达系统

演讲，可以说是由"演"和"讲"组合而成的，演讲者的有声语言、态势语言以及其主体形象构成了一个综合的、统一的、完整的传达系统，缺少任何一个因素也构不成演讲活动。如果只有"讲"而没有"演"（包括主体形象），听众的听觉得到满足，却无法感受到感人、动人的主体形象及表演活动，缺少实体感；只有"演"而没有"讲"，就犹如在聋哑学校看着聋哑的手势一样，总是让听众难以理解演讲者的意图。所以，只有既"讲"且"演"，以"讲"为主，以"演"为辅，既是听觉的，又是视觉的，兼有时间性和空间性艺术特点的综合活动。"讲"与"演"和谐地、有机地统一在一个综合性的传达系统中，才能构成完整的演讲传达手段，并圆满地完成演讲的任务。

（三）成功的演讲必须是统一的演说流程

演讲，是具有针对性、可讲性、鼓动性特征的演说过程，是用于公众场合的宣传形式。为了以思想、感情、事例和理论来晓谕听众，打动听众，"征服"群众，必须具有现实的针对性和演说的可讲性。也就是说，演讲者提出的问题应当是听众所关心的问题，评论和论辩应当有雄辩的逻辑力量，要能让听众所接受并心悦诚服，这样，才能起到应有的社会效果；同时，演讲者以及演讲组织者必须通过一个有效的流程控制，获得听众的信任度，营造现场的氛围，提高信息的接受度，提升演讲者与听众之间的互动性，从而使演讲能够激发听众情绪，赢得好感，展示其应有的鼓动性。

三、演讲的技巧

一粒米养百样人，使用同样的语言体系，学习同样的文化传统，有些人能够在演讲台前滔滔不绝，有些人却只能够在台下为别人喝彩加油。研究表明，演讲者的成功演说，更多的来源于其扎实努力的训练以及不断的自我挑战。一个出口成章、善于雄辩的大演说家，不是天生的，而是长期刻苦磨砺而成，是一个具备了内在修炼与外在打造的过程。

【案例3】 古希腊卓越的演说家、鼓动家和政治家德摩斯梯尼在面对马其顿入侵希腊时，曾发表《斥腓力》等演说，严厉谴责了马其顿国王腓力二世的扩张野心，极大地鼓舞了希腊人民对敌的斗志。他著名的演说词留传到今的尚有61篇。这位伟大的演说家，每天黎明时就起床练声，一会儿连续地发出"o-o-o…"的声音，一会儿发出重鼻音"ong-ong-ong…"他在他居住的房间里安装上大镜子，面对镜子不断地练习讲演，观察自己的动作和表情。每逢倾盆大雨，他就登上高高的山崖，口里边含着一块小石子，迎着风雨，高声朗读诗文。德摩斯梯尼发现自己在讲演中有些气短，就常常一边奋力登上峻峭的山崖，一边背诵长诗，他总是越登越快，越诵越快。为了矫正讲演时爱耸动肩膀的不雅姿态，德摩斯梯尼在屋梁上悬下两条绳索，绳索上吊上两把尖刀，让自己站在两刀之间练习讲演。

（一）明确对象，明确目的

任何一次演讲都是为这个世界某一部分人而做的演说行动。因此，在准备演讲的时候，要明确并了解听众对象：了解他们的思想状况、文化程度、职业状况；了解他们所关心和迫切需要解决的问题；了解他们能够接受的理论或实践的引导程度，等等。在明确对象的基础上，针对对象的实际情况，有的放矢，明确一个或者多个演讲目的。演讲的主要目的包括了传递信息、刺激思维、说服听众、诉诸行动等。

鲜明的观点、明确的目的，显示着演讲者对一种理性认识的肯定，以及对客观事物见解的透辟程度，能给人以可信性和可靠感。在演讲中，演讲者的大脑中应始终记住"听众"和"目的"这两个重心，记住一切行动都是为了最终目的的达成。有些时候，需要根据听众的情况和现场的气氛对演讲的重点和方式进行适当的调整。

（二）善用口语，通俗易懂

演讲，说出来的是一连串声音，听众听到的也是一连串声音。听众能否听懂，要看演讲者能否说得好，更要看演讲的语言是否运用得当。演讲语言不同于日常的语言交流，也不同于学术论文，而是在特定场所中使用的，具有特殊效果的语言系统，其语言方面的基本要求就是"上口"、"入耳"，也就是说，要演讲过程中，要善用口语，通俗易懂。演讲中的"口语"，不是日常的口头语言的复制，而是经过加工提炼的口头语言，要逻辑严密，语句通顺。列宁说过："应当善于用简单明了、群众易懂的语言讲话，应当坚决抛弃晦涩难懂的术语和外来的字眼，抛弃记得烂熟的、现成的，但是群众还不懂、还不熟悉的口号、决定和结论"。鲁迅也说过："为了大众力求易懂"。

【案例4】 在一次公安部门的演讲会上，一个公安战士讲述到自己因为执行公务而被歹徒打瞎了一只眼睛，歹徒弹冠相庆说这下子他成了"独眼龙"，可是这位战士伤愈之后又重返第一线工作了。讲到这里，他拍了一下讲台，大声说："我'独眼龙'又回来了！"会场里的听众立即报以热烈的掌声。

在准备演讲的时候，演讲者应努力把长句改成短句，把倒装句必成正装句，把单音词换成双音词，把不容易听明白、不易于理解的文言词语、成语改换或删去，同时活用俗语、日常用语，使听众对于演讲内容能够更好的理解和接受。演讲稿准备完成后，要自己念一念，听一听，看看是不是"上口"、"入耳"，如果不那么"上口"、"入耳"，就需要进一步修改，力求做到通俗易懂。

（三）生动感人，富有波澜

语言大师老舍说：人们的最好的思想，最深厚的感情，只能被最美妙的语言表达出来。若是表达不出，谁能知道那思想与感情怎样好呢？"一场成功的演讲，只有语言的明白、通俗还不够，还要力求语言生动感人。如果只是思想内容好，而语言干巴巴，那就算不上是一篇好的演讲稿。广为流传的恩格斯、列宁、斯大林的演讲、毛泽东的演讲、鲁迅的演讲、闻一多的演讲，都是既有丰富深刻的思想内容，又有生动感人的语言。

演讲要有真挚的感情，才能打动人、感染人，有鼓动性。感悟真挚能够带来演讲的高潮迭起，唤起听众的深度认同，但是太多的高潮就失去了高潮，说理和抒情结合起来。有些演讲，通篇慷慨激昂，一味地追求所谓高亢、铿锵，以为这就是"有情"，其实这只是另一种形式的平淡。因此，在演讲过程中，要在合乎听众的心理特征和认识事物的规律的基础上，恰当地选择材料，既有冷静的分析，又有热情的鼓动；既有所怨，又有所喜；既有所憎，又有所爱。使演讲在听众心里激起波澜。内容的有起有伏，有张有弛，有强调，有反复，有比较，有照应才能引出演讲过程中的波澜起伏。

要使自己的演讲生动感人，富有波澜，可以从以下4个方面努力。

1. 用形象化的语言，运用比喻、比拟、夸张等手法增强语言的形象色彩，把抽象化为具体，深奥讲得浅显，枯燥变成有趣。

2. 运用跳跃、生动的语言，增强演讲的现场效果在深化主题的同时，又能使演讲的气氛轻松和谐；既可调整演讲的节奏，又可使听众消除疲劳。

3. 发挥语言音乐性的特点，注意声调的和谐和节奏的变化。

4. 提前进行预演，甚至进行多次的彩排，使自己能够有效地控制自己的情绪，使自己的感悟能够源自肺腑，就像泉水喷涌而出。

（四）语言流畅，深刻风趣

演讲者在进行演讲的过程，就是通过语言、身体姿势引导听众进入其所构建的情境之中，使听众能够在这一情境之中，有所听、有所得、有所悟，最终能够落实到实践过程中，有所为。因此，演讲者的语言要保持语言的流畅，不使情境的塑造以及思想意识传递的过程出现中断，用深刻、幽默的语言来强化听众的接收效果。

【案例 5】 钱钟书先生在日本东京早稻田大学作演讲时，礼节性的开场白就不同凡响：到日本来讲学，是很大胆的举动。就算一个中国学者来讲他的本国学问，他虽然不必通身是胆，也得有斗大的胆。理由很明白简单：日本对中国文化各个方面的卓越研究，是世界公认的；通晓日语的中国学者也满心钦佩和虚心采用你们的成果，深深知道要讲一些值得向各位请教的新鲜东西实在不是轻易的事。我是日语的文盲，面对着贵国"汉学"或"支那学"的丰富宝库，就像一个既不懂号码锁，又没有开撬工具的穷光棍，瞧着大保险箱，只好眼睁睁地发愣。但是，盲目无知往往是勇气的源泉，意大利有一句嘲笑人的惯语，说"他发明了雨伞"……

钱钟书先生在肯定日本对中国文化各个方面的卓越研究的同时，用幽默的比喻谦虚地表明自己是日语的文盲，妙譬巧喻，信手拈来，幽默陡增，既形象风趣又不失礼节，轻松自然地导入演讲的正题。

（五）朴素精确，控制篇幅

所谓"朴素"，是指用普普通通的语言，明晰、通畅地表达演讲的思想内容，而不刻意在形式上追求辞藻的华丽。如果过分地追求文辞的华美，脱离了口语的朴素效果，就会弄巧成拙。所谓"精确"，是指演讲者通过有效的使用语言，准确地展现讲述的对象——事物和道理，揭示它们的本质及其相互关系。德国著名的演讲学家海茵兹·雷德曼在《演讲内容的要素》一文中指出："在一次演讲中不要期望得到太多。宁可只有一个给人印象深刻的思想，也不要五十个证人听后忘的思想。宁可牢牢地敲进一颗钉子，也不要松松地按上几十个一拨即出的图钉。"因此，演讲者要对表达的对象熟悉了解，要做到概念明确，判断恰当，用词贴切，句子组织结构合理。在语言朴素精确的同时，更要注意演讲的篇幅，不在乎长，而在乎精。

【案例 6】 1883 年 3 月 14 日，马克思与世长辞。恩格斯作了《在马克思墓前的讲话》的著名演讲。演讲草稿是这样开头的：

"就在十五个月以前，我们中间大部分人曾聚集在这座坟墓周围，当时，这里将是一位高贵的、崇高的妇女最后安息的地方。今天，我们又要掘开这座坟墓，把她的丈夫的遗体放在里边。"

作者考虑后进行了修改，写成：

"三月十四日下午两点三刻，当代最伟大的思想家停止了思想。让他一个人留在房里总共不过两分钟，等我们再进去的时候，便发现他在安乐椅上安静地睡着了——但已经是永远地睡着了。"

两者比较，后者入题较快，演讲一开始就抒发了对逝者的无限敬爱和万分惋惜的心情，使现场的人们也沉浸在对马克思的缅怀与崇敬之中。正是这种认真的态度和精心的修改，才为恩格斯的每次演讲的成功提供了有力的保证。

（六）身体姿势，展现个性

从 20 世纪 60 年代就有人开始统计，如果一条信息传播出去，所有的效果中间只有 38%

是有声的，7%是语言（词），55%的信号是无声的。这个关于无声信息的研究告诉我们，演讲者除了要注重有声语言的表达外，还要更多地注重无声语言的表达，即态势语言。演讲者在演讲过程中呈现出来的具有一定指示作用的手势、身姿、眼色和面部表情，甚至成为个性鲜明的"招牌动作"。

态势的表现同演讲者的性格气质紧密相连。一个开朗、爽直、麻利、说话、办事都十分快速的人，他的表情动作，尤其是手势动作，一般表现为急速、频繁、果断、有力；一个比较内向的人，他的态势表情往往又表现为动作缓慢，手的活动范围较小，而且变化不多。因此，在运用态势语言进行表达、交流的时候，必须保持自己的个性特征，显示自己的风格，切勿一味模仿别人而失去自我。

四、演讲注意点

（一）演讲前的准备

成功的演讲来源于积极、努力的准备。演讲前的准备包括了演讲架构的搭建、演讲素材的收集、演讲工具的准备以及演讲心态的调节4个部分。

1. 演讲架构的搭建

任何一种形式的沟通，如报告、文章、信或是书等，都需要良好的架构，才能把自己想要传达的信息成功地传递给对方。听众只有一次机会来了解演讲者所说的话，如果失掉这个机会，即使再有类似的机会出现，他们也不愿意再听演讲者的发表了。基于明确对象、明确目的而构建的良好架构，能够吸引听众的注意力，帮助听众理解，同时让演讲者所传递的信息能更深刻地铭记在听众的脑海中。

演讲架构有三种：逻辑架构、故事体架构及正式架构。逻辑架构适用于演讲者在严肃的公开场合陈述某个具体个案，故事体架构适用于宽松的场合中使用，而大多数的演讲者采用正式架构，一般有三个程序：（1）把自己想要说的话扼要地告诉听众；（2）详细地告诉听众内容；（3）把自己说过的主题再次告诉听众。

演讲架构中可以罗列演讲名称、目标、时间、对象以及演讲内容、演讲方法、器材使用及每项内容的时间分配。以正式体架构为例，要安排出三个步骤：简介、传递主旨、结论。三者所占的份量为简介10%，主旨85%，结论5%。

2. 演讲素材的收集

在搭建架构、理清思路后，演讲者应该着手收集素材，组织材料。演讲素材可以分为核心素材、可任意处理的素材和辅助素材三类。

核心素材是演讲时所必须使用的素材，是必需品，在素材的使用过程中明确轻重缓急以及先后的顺序，引导演讲的良性进行。可任意处理的素材是指如因演讲时间不足可加以省略却不会对整个演讲造成伤害的那些素材，一般作为补充使用。辅助素材则是指，如果时间足够的话就不妨把这类素材发表出来，这样做一定是有益无害，或者是在回答别人问题时运用的素材。

收集素材可以通过自身的经验、阅历获得，也可以通过书籍、通信以及网络等途径获得。素材准备的数量上有适当的弹性。既要足够，又不要太多，关键在于能够使演讲者不会因为害怕素材枯竭而呆立现场，也不会因为准备太多演讲的资料，最后造成演讲时间的延误，影响到演讲效果。

3．演讲工具的准备

有人说，21世纪是一个善于使用工具者生存的世纪。如果不会使用工具，那么在这个世界的很多地方都难以获得发展。因此，演讲者在演讲之前要做好演讲工具的准备，一是演讲稿的撰写，二是演讲道具的制作。

演讲稿具有宣传、鼓动、教育和欣赏等作用，它可以把演讲者的观点、主张与思想感情传达给听众，使听众信服并在思想感情上产生共鸣。一篇好的演讲稿，是一场演讲具有系统性、完整性、有效性的必备要素。从内部结构看，演讲需要形成或创造现场的情绪氛围，所讲的内容应该较为集中，所以演讲稿的撰写一定要具体，切忌过多的概念，其撰写的原则包括了深入实际、内容具体、迎合听众、有的放矢。

在准备演讲稿的同时，要根据演讲的进程，设计、制作相应的辅助工具，例如投影胶片、录像带、VCD、图片、模型、幻灯片PPT等。在制作辅助工具使时，要使工具能够突出主题，同时搭配各种非口语的材料，如图片、图形或照片等，使内容、画面与主题契合，文字简洁清晰、色彩鲜艳调和，起到提纲挈领的作用，同一组画面出现的颜色最好不要超过三种，颜色不要过于抢眼，应注意色彩的配合，保持一种柔和度。

此外，演讲者要对演讲现场有所了解，白板、白板笔、指示棒、电脑、投影仪等都应该提前检测好，此外还可以做一些提示卡，以便在演讲时给自己以必要的提示。

4．演讲心态的调整

美国心理学家曾在3000人当中做过一次心理测验：你最担心的是什么？令人吃惊的是：约占40%的人认为最令人担心也是最痛苦的事是在大庭广众前讲话？而死亡排在第六位。因此，大多数的演讲者在第一次上台之前都会有严重的怯场现象：马克吐温第一次演讲时口中像塞满了棉花，脉搏快得像争夺田径赛跑的奖杯；印度总理英迪拉·甘地初次演讲时"不是在讲话，而是在尖叫"；被誉为"世纪之演讲家"的英国首相丘吉尔开始演讲时心窝里似乎塞着一块厚九寸的冰疙瘩。故而，在演讲之前进行心态的调整是非常重要的。

演讲心态的调整最重要的是两个方面：其一是克服自身的恐惧心理；其二是引起听众兴趣。演讲预演是调整心态的重要手段。进行预演可以使演讲者自身紧张不安的情绪降低；有利于改善演讲的效果，明确演讲时间的控制，并且可以强化演讲的内容。在进行预演的时候，要以实战的、严肃的态度去进行，在演练时必须计算出演讲所占用的时间，再看看它是过长或过短。大部分演练都比正式发表时要快，正式发表的时间比演练要多出25%～50%。如果预演时间不够，就只针对一些重要部分进行演练，如开场白、结论、关键处或特别困难的地方进行至少4次的演练。最后一次预演的时间，离正式演讲越近越好。

此外，还可以通过自我暗示方法对自己说："我已做好充分的准备，不会出错的"、"潇洒在去表达吧，我能成功"等，提高自己的现场表现欲望，还可以通过假想演讲成功时的景象，以达到舒缓压力的目的。

（二）精彩的开场

好的开始是成功的一半。因此在演讲的开始时，就要把听众的注意力吸引到自己的话题上，这就需要有个精彩的开场。瑞士作家温克勒说："开场白有两项任务：一是建立说者与听者的同感；二是如字义所释，打开场面，引入正题。"在充足的准备下，演讲者大步上台，大声开头，让别人知道你很自信，也让自己感觉很自信，上台后，不要急于开始讲，容易给自己制造紧张情绪。先让自己完全镇定下来，目光扫瞄全场、微笑、定位，然后以最简洁的语言、最经济的时间，把听众的注意力和兴奋点吸引过来。开场的前30秒要让听众的目光停留在演讲者本身，不要使用媒体辅助，从而影响于演讲的效果。

开场使用的语言可以是几句诚恳的话，同听众建立个人间的关系，获得听众的好感和信任，如简单地表示问候、自我介绍之后，就直接进入主题，介绍本次演讲大纲，并征求听众的意见从而能及时调整内容。也可以是直接地反映出一种形势，或是将要论及的问题，常用某一件小事、一个比喻、个人经历、轶事传闻、出人意料的提问，将主要演讲内容衔接起来；可以提出一些激发听众思维的问题，把听众的注意力集中到演讲中来。

（三）声音的设计

声音是演讲者主要的武器，因此，演讲者要对声音进行设计，通过发声技巧以及声音的控制，达到"大弦嘈嘈如急语，小弦切切如丝语，嘈嘈切切错杂弹，大珠小珠落玉盘"的境界。

一方面，演讲者的声音要有力，要让在场的每位观众都听到。最好能有扩音设备，实在没有扩音设备，也要注意不要声嘶力竭，要拿好分寸，尽量要用胸腔说话，要抬头挺胸，不要只是用喉咙发声。尽量使用清晰的字音，同时放慢速度。

另一方面，演讲要引起听众注意，求得听众的共鸣，最重要的是语言要句句有力，但不能像机关炮，扫射得听众摸不着头脑，也不能言语拖沓，表达紊乱，让口头禅充斥全篇。在演讲中要注意语速、语调和停顿，突出重点。在需要快的时候加快，需要慢的时候放慢，不疾不徐，快慢适中。因为讲话快给人一种热情及急切的感觉，不过太快的话也会令人生厌；慢可以强调重要性，但如果太慢的话则无法引起别人的注意力。此外还要做到"抑扬顿挫"，适当运用停顿，特别是在要点前后，以提醒听众注意，并给他们一定思考的时间。

同时，还可以适当运用方言、幽默、歇后语等。当演讲者到了某方言区，适当地运用方言会让演讲者和听众之间的距离缩短，增加一种亲切感。使用幽默、歇后语等又可增加语言的表达力，让听众感觉绘声绘色，惟妙惟肖。

（四）形体的动作

内心的情感是可以通过"形于外"的态势语言表现出来的，态势语言对于传递信息是非常重要的。演讲者在演讲过程中一定要调动身体的各个部位来表达情感，使听众能够从演讲者的动作上，结合演讲者的语言领会其思想情感，提高影响的效果。一般说来形体动作包括了目光接触、表情传递、肢体带动三个方面的内容。

1．目光接触

演讲者登台的应该先与听众做目光交流，环视全场，让自己情绪稳定下来。在演讲过程中要与全场听众有目光接触，特别是坐在后面和坐在前排两侧的听众。运用目光接触可以获得并掌握听众的注意力，建立相互的信任；另一方面又可以透过目光接触来回应听众，阅读听众的表情。但对重要听众不要紧抓不放，让人感觉如坐针毡，对一个人的目光关注不要超过两分钟。

2．表情传递

在演讲过程中，听众的眼睛就会汇聚到演讲者的脸部。这不是因为演讲者的脸部漂亮，而是脸部是感情的晴雨表，听众可以从上面读懂演讲者的情感世界。美国总统罗斯福演讲时，全身好像一架表现感情的机器，满脸都是动人的感情。

科学分析人类在演讲过程中的表情，可谓是丰富多彩，光眉毛就可以表达几十种表情。有眉飞色舞、眉开眼笑、双眉紧锁、横眉怒目、低眉顺眼、挤眉弄眼、扬眉吐气等。因此，在演讲过程中，演讲者要注意自身的脸部表情，要做到适时、适事、适情、适度，如采用微笑、点头示意等来表示对台下观众的尊重与自信，采用惊喜来对听众的反馈意见表示充分的认可……这些都能够使演讲者与听众之间获得更多的交流。

3．肢体带动

演讲中肢体语言能表达出各种含义，光手势就有30种。因此在演讲中我们注意到肢体语言，有合适的站位、恰当的站姿、有效的手势。

在站立的位置上，演讲者要站在每位听众都可看到的位置上，又能便于参考笔记或观看电脑，还要方便于自己控制教学媒体。如果有麦克风，还要便于麦克风的使用。在演讲过程中，不要一直躲在讲台后不出来，偶尔离开演讲台，让听众看到演讲者的全身，可拉近彼此的距离。在使用辅助媒体的时候，注意不背对着听众讲话，这是非常不礼貌的。同时也给观众一种信息：我不自信，准备不充分。

在站姿方面，要站直，挺胸收腹。站得歪歪斜斜的，或者站直后左右或前后摇晃，或者左右不停地换脚，或者频繁地来回踱步都是不良的站姿。一般说来，站姿有前进式、稍息式、丁字式、立正式、自然式等。不论何种站姿都要做到稳健潇洒。

在演讲中，手势的使用也是一门学问。如果演讲者在讲台后面，可以双手自然放在讲台两侧。如果在讲台前，双手则自然垂在身体两侧，也可以用手来操作教学媒体、握住提示卡、笔、教鞭或是做手势等，例如，请某人起来发言时，要手指并拢手心朝上做抬起状，请发言者站起，相反请坐时要手指并拢手心朝下做下压状。千万不可用手指或指示笔等指点。此外还要注意，无论在什么情况下，都不该把双手置于裤子口袋内，或是不自然地手臂交叉。

（五）着装和打扮

人要衣装，演讲更要注意衣着。正式的演讲中，作为演讲者一定要穿得正规，男士西装领带；女士则穿职业套装。非正式的演讲，对服装的要求不是很高，但一要做到整洁、干净、得体。女孩子的化妆要自然，不要浓妆艳抹，一方面体现对听众的尊敬，另一方面又让听众感到愉悦。

上台演讲时最好不要穿全新的衣物，因为会给演讲得制造紧张感，最好穿八成新的衣物，会让自己感到更舒适。鞋则最好穿让自己很舒服的那双，鞋底不要过硬或过软。演讲时要轻装上阵，男士不要带比较宽松的手表，女士戴手表或首饰要精简，手镯、耳环等小饰物在灯光之下人影响听众视线，最好不戴。

（六）有力的结束

结尾是演讲内容的自然收束。言简意赅、余音绕梁的结尾能够使听众精神振奋，并促使听众不断地思考和回味；而松散疲沓、枯燥无味的结尾则只能使听众感到厌倦，并随着时过境迁而被遗忘。一般说来，演讲的结尾没有固定的格式，或对演讲全文要点进行简明扼要的小结，或以号召性、鼓动性的话收束，或以诗文名言以及幽默俏皮的话结尾。但一定要给听众留下深刻的印象。

美国作家约翰·沃尔夫说："演讲最好在听众兴趣到高潮时果断收束，未尽时戛然而止。"在演讲处于高潮的时候，听众大脑皮层高度兴奋，注意力和情绪都由此而达到最佳状态，如果在这种状态中突然收束演讲，那么保留在听众大脑中的最后印象就特别深刻，这也是演讲结尾最为有效的方法。

五、演练题

【演练1】

克服口头禅的演练。

有些人在初次上台，甚至是多次上台之后，仍然会使用口头禅，从而影响到演讲的效果，可以从采用如下三种的方法进行克服演练。

（1）记住演讲稿，一字不差，形成语言定势；

（2）在语音停顿处用空拍去代替口头禅的出现；

（3）用录音机录下演讲内容，反复听，一出现口头禅就给自己一个刺激，让自己对口头禅充满厌恶感。

【演练2】

"卡壳"处理的演练。

人紧张的时候脑子会空白，什么都想不起来。演讲过程中出现"卡壳"应该怎么办？可以从以下五个方面减少"卡壳"的负面影响，进而引导演讲的继续进行。

（1）假装倒水、喝水；

（2）让听众休息；

（3）把刚才的内容再做重复；

（4）稍作停顿；
（5）提问，并做答。

【演练3】
辅助媒体的使用演练。

在现代演讲中，要学会使用媒体，如何制作演示媒体、幻灯片演示（PPT），如何正确使用辅助媒体，则是一门专门的技巧。紧扣以下四个方面进行使用演练。

（1）要让所有的观众都能看到，特别是前边两侧和后边的观众；
（2）站立时不要挡住屏幕、白板；
（3）进行演示，要先打出幻灯片再进行演讲；
（4）演讲内容的和媒体展示内容要一致；
（5）写板书时人要站在一边。

【演练4】
根据下面的题目与开头，构思脉络，续接演讲的主体部分。

1. 题目《什么是真正的幸福》，开头：

幸福，这是一个美丽而诱人的字眼，它古老而常新，有着无穷的魅力。古生今来，有多少人追求、探索。然而，大千世界，茫茫人海，人们对幸福的理解和追求又不尽相同。

2. 题目《生命之树常青》，开头：

伟大的诗人歌德曾有这样一句著名的诗句："生命之树常青"。是的，生命是阳光带来的，应该像阳光一样，不要浪费它，让它去照耀人间。

3. 题目《青年与祖国》，开头：

我想提个问题，谁能用一个字来概括青年和祖国的关系呢？我认为这种关系，概括起来，就是一个"根"字。

【演练5】
演讲稿撰写的演练：

以《我的大学，我的人生设计》为题，参照演讲稿撰写的原则，为自己撰写一篇演讲稿。

六、补充案例（教师可设计问题，供学生学习分析）

【案例1】

美国历史上最伟大的总统之一林肯非常重视演讲前的准备。有一次，他接到葛提斯堡国家烈士公墓落成典礼上进行演说的任务，此时他有两周的准备时间。两周时间内，他在穿衣、刮脸、吃点心时都想着怎样演说，演说稿改了两次，他仍不满意。到了正式演讲前一天晚上，他还在做最后的修改，甚至半夜找到他的同僚高声朗诵。走进会场时，他骑在马上仍然把头低到胸前默想着演说词。在林肯上台之前，演讲者埃弗雷特讲了近两个小时，在将近结束时，林肯仍不安地掏出旧式眼镜，又一次看他的讲稿。他的演说开始了，一位记者支上三脚架准备拍摄照片，等一切就绪的时候，林肯已走下讲台。这段时间只有两分多钟，而掌声却持续了 10 分钟。后人给以极高评价的那份演说词，在今天译成中文，也不过不到 500 字。

【案例 2】

古希腊演说家德摩斯梯尼对事先演习抱着非常重视的看法。他把自己关在地下室书房长达 3 个月之久，学习演讲的技巧。为了保证自己不会在达不到目标之前出来，他把自己的头发剃光。等头发长出来，德摩期梯尼走出地下室，成为一个造诣颇深的演讲家。

【案例 3】

美国某年轻议员在向一位年老而富有经验的议员请教时说："我在演说之前，心里老扑通扑通地跳，这是否正常？"年老的议员则回答道："那是因为你对于你要说的话进行着认真的考虑，这是必然的。即使你到了我这个年龄，也难免会出现如此情况。"

【案例 4】

日本演说艺术界居于首位的"演说名人"德川梦声先生曾经讲过一段话："上台发表演说之前，无论任何人，都会感到紧张，都无法镇静下来。你也许会问：'唉！像你这样身经百战，见过了大大小小各种场面的职业演说家，还会紧张吗？'像这种问题，我不知被问了多少次了，但是，我可认告诉你们，无论是怎样熟练的老手，也无法完全不紧张，因为，不管演讲或座谈，总是得开口，这就必须认真地去做才行。"

【案例 5】

弗雷德里克·道格拉斯 1854 年 7 月 4 日在美国纽约州罗彻斯特市举行的国庆大会上发表的《谴责奴隶制的演说》，一开讲就能引发听众的积极思考，把人们带到一个愤怒而深沉的情境中去："公民们，请恕我问一问，今天为什么邀我在这儿发言？我，或者我所代表的奴隶们，同你们的国庆节有什么相干？《独立宣言》中阐明的政治自由和生来平等的原则难道也普降到我们的头上？因而要我来向国家的祭坛奉献上我们卑微的贡品，承认我们得到并为你们的独立带给我们的恩典而表达虔诚的谢意？"

【案例 6】

美国演讲专家理查德即兴演讲的"四步曲"。

即兴演讲通常是在一定的场合下，演讲者事先未做准备，只是根据需要而作的临时发言。因此，即兴演讲在思维的敏捷性、语言的逻辑性和口头表达的雄辩性方面都有更高的要求。如何做好即兴演讲，避免因措手不及而陷入难堪的境地呢？美国演讲专家理查德总结了一个即兴演讲的"四步曲"，这四步是：

1. 喂，喂！
2. 为什么要浪费这个口舌？
3. 举例。
4. 怎么办？

第一步"喂，喂！"提示我们必须首先呼唤起听众的兴趣。理查德说："不要平铺直叙地开始演讲：'今天，我要讲的内容是保障行人生命安全……'你最好这样开头：'在上星期四，特购的450具晶莹闪亮的棺材已运到了我们的城市……'"理查德设计的这一开头语虽然不符合我们中国人的忌讳心理，但它无疑具有一种先声夺人的气势，它能激听众之疑，使他们很想弄清事情的究竟。

"为什么要费这个口舌"是第二步。理查德说，接下去你应向听众讲明为什么应当听你演讲。若谈交通安全问题，可这样讲："不讲交通安全，那订购的450具棺材也许在等待着我，等待着你，等待着我们的亲人。"理查德所讲述的"为什么"既联系着"我"（演讲者），又联系着"你"（听讲者），还联系着会场外你我有关系的千千万万的"亲人"，这就使所有的与会者不知不觉地成了他的"俘虏"，在心理上与他产生了共鸣。

紧接着的第三步为"举例"。理查德指出，比如谈交通安全问题，你若用活生生的事例来说明那些会使人们送命的潜在因素，远比只讲那些干巴巴的条文要好得多。事实上，演讲的传播媒介主要是口语，辅之以体态语。与书面语相比，口语和体态语在传达事例方面比传达条文更具有优势。特别是即兴演讲，我们更要注意在这方面扬长避短。

"怎么办"是最后一步。理查德要求演讲者注意的是，这一步一定要告诉听众你谈了老半天是想让人家做些什么，最好能讲得生动一点、具体一点、实际一点。从根本上说，"怎么办"是演讲者的目的所在，如果演讲者忘记了这一步，或者这一步处理不好，就会给听众留下无的放矢或不知所云的感觉。

理查德还认为，"为什么"和"举例"这两部分如同馅饼里的馅，味道全在这里面。但是，这两部分要与引人注意的"喂，喂"和结尾的"怎么办"相呼应。掌握理查德的"四步曲"，能使我们在大庭广众之中泰然自若地、有条不紊地陈述自己的观点，而不会陷入张口结舌、东扯西拉的窘境。

七、教学法建议

（一）本章建议6课时完成

（二）教学法建议

1. 以小组为单位，选择一个演讲题目，由学生自己讨论并拟定大纲、撰写演讲稿，制作演讲辅助媒体，并由小组成员进行小组内同题演讲，选择出最佳的一人，上台演讲。其他小组的学生对演讲者进行评价。这样既锻炼学生的口才能力，也锻炼学生团队协作能力等其他综合能力。学生完成演讲后，教师应一一点评。

2. 教师提前一周给出20个演讲预习题目，学生根据这20个演讲题目进行准备；教师在正式上练习课前的备课中，以演讲预习题目为本，进行变化，或者将题目扩大，或者将题目缩小，重新拟定20个演讲题目。由上台演讲的学生在课堂上当场抽取题目，并进行2分钟的准备后即兴演讲。学生完成演讲后，可由台下的学生根据演讲内容进行提问，演讲的学生必须回答3个题目以上方可回到座位上。教师对演讲、提问以及回答进行点评。

参 考 文 献

[1] 干建华主编. 新编大学生口语交际教程. 浙江文学出版社, 2005年9月.
[2] 方瑾编著.《说话的艺术》. 企业管理出版社, 2006年5月.
[3] 金失根编著.《说话演讲技能训练》. 内蒙古大学出版社. 1998年3月.
[4] 方洲主编.《社交语言现用现查》. 中国青年出版社. 2000年1月.
[5] 丁惠中编著.《好口才好命运》. 企业管理出版社. 2004年8月.
[6] 宿春礼主编.《随机应变的口才艺术》. 中国社会出版社. 2005年7月.
[7] 张大伟编著.《说话滴水不漏有绝招》. 海潮出版社. 2006年12月.
[8] 欧阳有权, 朱秀丽编著.《实用口才训练》. 中南大学出版社. 2002年8月.
[9] 林语堂著. 杨永德整理.《怎样说话与演讲》. 文化艺术出版社. 2004年6月.
[10] 刘伯奎, 王燕编著.《口才与演讲——技能训练》. 中国人民大学出版社. 2002年3月.
[11] 吴春荣编著.《文科十万个为什么－社交艺术》. 上海古籍出版社. 1990年8月.
[12] 陈翰武编著.《语言沟通艺术》. 武汉大学出版社. 2006年1月.
[13] 何书宏编著.《演讲与口才知识全集》. 北京工业大学出版社. 2005年9月.
[14] 金正昆著. 社交礼仪. 北京大学出版社. 2005年8月.
[15] 金正昆著. 社交礼仪概论. 北京大学出版社. 2006年7月.